一本书读懂北交所

IPO 流程 + 制度体系 + 监督管理 + 法律财税

李　军　著

中国宇航出版社
·北京·

图书在版编目（CIP）数据

一本书读懂北交所：IPO流程+制度体系+监督管理+法律财税 / 李军著. -- 北京：中国宇航出版社，2023.5（2023.10重印）
ISBN 978-7-5159-2219-5

Ⅰ. ①一… Ⅱ. ①李… Ⅲ. ①证券交易所－概况－北京 Ⅳ. ①F832.51

中国国家版本馆CIP数据核字(2023)第060696号

责任编辑 卢　珊　　　　**封面设计** 图美之家

出版发行	中国宇航出版社		
社　址	北京市阜成路8号 （010）68768548	**邮　编**	100830
网　址	www.caphbook.com		
经　销	新华书店		
发行部	（010）68767386		（010）88100613（传真）
承　印	三河市君旺印务有限公司		
版　次	2023年5月第1版		2023年10月第2次印刷
规　格	710×1000	**开　本**	1/16
印　张	11.75	**字　数**	144千字
书　号	ISBN 978-7-5159-2219-5		
定　价	68.00元		

本书如有印装质量问题，可与发行部联系调换

前言

PREFACE

当今中国恰逢百年未有之大变局，为了在新时代谋求更大的发展空间，科技创新和资本市场这两大领域的突破是重中之重。特别是资本市场的发展与完善，对民营企业发展将会产生重要的积极影响。北交所的成立打通了新三板与A股之间的链接，为广大中小企业提供了融资上市的机会，对我国资本市场的发展与完善意义重大。北交所成立后，我国资本市场的格局形成了上交所、深交所、北交所三足鼎立的新格局，我国资本市场将迎来一个史无前例的黄金时代。

北交所的成立带来了五大机遇。

（1）释放了国家支持“专精特新”企业的信号。

（2）有效提升了新三板的市场地位，鼓励中小企业进入资本市场。

（3）为股权投资提供了更多的退出渠道，激发了风险投资的活力。

（4）拉动北方经济建设，推动区域经济均衡发展。

（5）承接中概股的回流。

2022年9月3日，北京证券交易所成立一周年。一年来，北交所发行上市审核贯彻注册制总体要求，坚持以信息披露为核心，要求发行人充分披露投资者作出价值判断和投资决策必需的信息，同时配合开展现场检查、现场督导等方式，切实保障审核的质量和效率。

北交所高效的发行制度跑出了“北交所速度”，企业申报发行上市的积极性不断提高。数据显示，目前北交所上市审核从受理到完成注册平均用时 140 余天。北交所自开市以来，极大地带动了“专精特新”企业挂牌上市的积极性，一方面是北交所的审核制度专门针对“专精特新”企业制定了四套标准，降低了上市门槛，增强了上市的包容性，这很符合国内中小企业的实际情况；另一方面是北交所的上市审核快速高效，即审即发，创造了从申报材料到过会仅用 37 天的最快纪录，从平均审核时长来看，比以往大大缩短。北交所的制度设计和审核时间，都大大提升了中小企业登陆资本市场的信心和积极性。当然，能够取得这样的效果，也得益于北交所与新三板一体化发展和制度联动的助力作用。

北交所坚持与新三板一体化发展和制度联动，以公开市场的持续多轮次融资助力中小企业创新发展和转型升级，企业可以在发展早期即对接资本市场，通过在新三板挂牌融资，发展壮大，规范运作后申报北交所，实现“边融资、边发展、边上市”，上市路径更丰富，成本更可控，预期更明确，过程更顺畅。

北交所 IPO（首次公开募股，initial public offering）审核快速过会与其服务定位相关，中小企业需要高效、灵活、普惠的融资制度，而北交所通过并联审核等制度，快速为中小企业解决了融资问题。在 IPO 整体收紧的背景下，将有更多的“专精特新”企业申报北交所，为未来吸引更多机构投资人士提供更好的土壤。

作为一家私募股权机构的投资人，我深感成立北交所对于中小企业的发展壮大意义重大，所以萌生了创作本书的想法。希望本书能帮助更多中小企业找到适合自己企业发展的融资路径，帮助企业做强做大，为中华民族的伟大复兴贡献一份力量。

本书立足为读者提供实用知识的角度，通过8章的内容，系统化讲述北交所的亮点与中小企业发展机遇，北交所发行上市条件的认定，注册制与北交所发行上市程序，北交所发行上市审核重点及否决案例，北交所的监督管理机制和北交所上市常见法律与税务问题等知识点。通过阅读本书，读者将加深对北交所的了解，熟悉北交所IPO制度体系，对企业在北交所上市形成有效参考。

本书编写的过程中，获得了同行业人员在资料方面的大力支持，参阅和借鉴了北交所上市发行的相关文件和多个上市企业的案例分析，在此一并表示感谢。由于编者的水平和时间所限，书中难免出现疏漏之处，还望大家批评、指正。

目录
CONTENTS

第一章　北交所的亮点与中小企业发展机遇

第二章　北交所上市公司解析与最新上市企业风向

第三章　北交所发行上市条件的认定

第四章　注册制与北交所发行上市程序

第五章　北交所发行上市审核重点及否决案例

第六章　重中之重的企业股权架构设计

第七章　募集资金管理、股份变动管理与上市保荐

第八章　北交所对上市企业的持续监督

第一章

北交所的亮点与中小企业发展机遇

北交所的成立不仅是我国证券市场发展的一次新突破，对于落实创新驱动发展战略、完善多层次证券市场格局意义重大，更是促进我国实体经济发展的关键举措。在本书第一章的内容中，将结合当前我国证券市场的多层次格局，分析北交所的定位和制度亮点，并在此基础上分析北交所与全国股转系统之间的联系，为读者揭示北交所给上市企业带来的新机遇。

一、当前我国证券市场的多层次格局

我国证券市场在政府的引导和监督下，历经二十多年的发展，已基本形成了由主板、中小板、创业板、全国中小企业股份转让、地方股权交易市场组成的证券市场体系。从形态上看，我国证券市场已经表现出了比较明显的“层次性”。然而，当前的“多层次”证券市场形式还没有达到完善的程度，与我国证券市场长期发展的内在机制要求还存在较大的差距。下面就对我国证券市场格局进行详细的解读。

图 1-1　我国多层次的证券市场格局

自上海证券交易所成立以来，我国股市一直实行外部植入式的制度。在这一模式下，我国的证券监管机构始终在发行、上市、交易、退市等各个方面都具有决策权、管制权和干预权。在这一背景下，我国证券市场的运行机制和发展道路在很大程度上依赖于监管部门的判断和决策，从而导致我国证券市场的内部机制向行政化的方向靠拢，这对于市场的多样化、均衡化发展产生了一些不利影响。要解决这一问题，最为紧要的就是丰富我国的证券市场体系，加快建立我国证券市场的多层次格局，这样才能促使我国证券市场完成高质量的健康发展。

从发达国家证券行业的发展历史来看，一个成熟且符合市场机制的证券市场需要具有如下几个特点：第一，发行市场和交易市场需要相互独立，这样可以保证二者之间的运营互不干扰；第二，证券交易所的核心应该是证券经纪人；第三，股票可以在多层次的交易市场上通过注册制的方式来发行；第四，股票需要具有可交易性，保证其可以在市场上进行正常的流通；第五，证券市场对股权投资可以起到很好的导向作用。

我国股市发展到目前的阶段，需要按多层次交易规则建立多层次股票市场体系，让股票市场的纵深得到进一步的开发。在这个改革深化发展的过程中，需要让我国股票市场从外植型的发展模式转变成内生型的发展模式。第一步需要做的就是改变“政府办市场”的陈旧监管理念，然后在此基础上对我国股票市场进行依法管理，充分发挥市场机制的作用，让发行市场和交易市场都可以独立运行，让更多的新层次股票交易市场也可以在国内发展，与 A 股市场进行良性竞争和协调互动，让股票市场发挥出更大的对实体经济的支持作用。

北交所就是在这样的时代背景下应运而生的，其对我国股票市场建立多层次的发展格局起到了很好的补充作用。

二、北交所的创新定位

北交所成立之初，其功能定位于能够为创新型中小企业提供服务的证券交易所。下面主要介绍北交所这一新设立的证券交易所与传统证交所在定位方面的创新之处。

1. 北交所的制度设计特点

北交所在制度设计上，整体上还是遵循我国证券交易所以及上市公司等在监管中的普遍性规律，这一特点是北交所作为证券交易所的基本性质决定的。但在北交所的制度设计中，也充分考虑到了在北交所上市的企业，主要是处于发展的初期阶段且规模相对较小，因此对于这些企业体现出比较包容的特点，这也符合在北交所上市企业的实际情况。总体来说，北交所在制度设计方面兼顾了规范性和包容性，既遵循了证券交易所的制度规范，也让在北交所申请上市的中小型企业具有更加包容的环境。

北交所的特殊之处还在于，这是我国经国务院批准设立的第一家公司制证券交易所，其经营范围是依法为证券集中交易提供必要的场所和设施，并组织和监督证券交易的进行，维护交易过程中的秩序，进行证券市场的管理和服务等工作。

我国设立北交所的目的，就是让更多具有“专业化、精细化、特色化、新颖化”四个优势的中小型企业都有机会可以上市融资，进一步促进我国金融市场的全面发展。

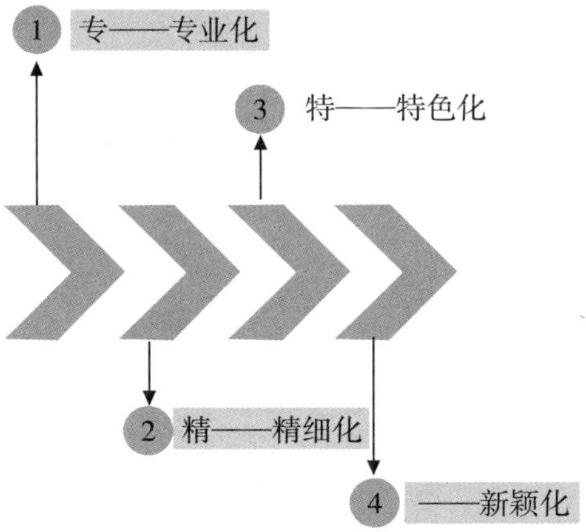

图 1-2　北交所上市企业的优势

2. 从上市门槛看北交所定位

北交所门槛有投资门槛和上市门槛之分。北交所的个人投资者准入门槛为开通交易权限前的 20 个交易日的日均证券资产超过 50 万元，同时具备两年以上证券投资经验。可以看到，北交所对于投资者的限制是比较严格的。对于个人的投资行为进行约束，有利于降低市场波动，减少人为风险因素的出现。

北交所上市门槛可以帮助大家更加清晰地看出北交所的定位。企业在北交所公开发行股份所需的最低市值仅为 2 亿元，这一标准远低于企业在创业板和科创板上市所需的 10 亿元市值。这样低的上市门槛，无疑为大量处于发展初中期的企业提供了宝贵的上市机会。可以预期，未来在北交所上市的大部分企业，都应该是对标新三板创新层的企业。

北交所的设立给予这些发展中的科创企业继续扩张的机会和助力。根据目前已经在北交所上市的企业信息统计，企业的年营业收入大部分在三亿元左右，且大部分企业每年的净利润不超过 5 千万元。通过这些统计结果可以进一步确认，在北交所上市的公司不论是在企业规模还是在盈利能力等方面，都弱于在上交所和深交所上市的企业。同时，也可以由此推断，在北交所上市和交易的风险大于上交所和深交所，这是由上市企业的实力决定的。

3. 从企业角度解读北交所定位

处于快速发展期的中小企业进入北交所上市是可以获得很多好处的，但是企业方也不能盲目追求去北交所上市。下面就来具体说说如何结合企业情况与北交所的定位，做出正确的上市决策。

北交所成立已经有一段时间，在成立之初就进入北交所的企业无疑迎来了股价的大幅上涨，其中发展潜力不错的企业已经让自身的市值获得了数十倍的增长，这是站在北交所风口的企业获得的优厚回报。而在当下的时间节点，这种成功模式比较难以复制，因此首先需要提醒的就是，企业不能盲目地认为只要在北交所上市就一定能带来大量的收入，因为第一波红利期已经过去了。当前如果企业打算在北交所上市，一定要结合企业的实际情况进行客观分析之后再做出决定。比如，企业当前的经营情况比较不错，预期未来的发展前景良好，而且当前企业的估值不是很高，那么这一企业就是比较适合申请在北交所上市的，一旦在北交所上市成功，企业的估值就会有很大的提升。

因此，在企业上市北交所的计划中，需要重点关注的还是企业自身的成长性，良好的业绩增长是企业在股票市场获得成功的基础保障。此外，还需要注意的是企业自身属性的问题。我国设立北京证券交易所，目的是打造“服务创新型中小企业的主阵地”，从这里不难看出，北交所服务的主要对象是“专精特新”的科技企业，符合这一属性的企业在北交所上市很可能会获得更多的利好。

证监会负责人答记者问的记录也从侧面印证了上述结论，其回答的部分内容是："将统筹协调多层次资本市场发展布局，推动健全资本市场服务中小企业创新发展的全链条制度体系，着力打造符合中国国情、有效服务专精特新中小企业的资本市场专业化发展平台，努力建设一个规范、透明、开放、有活力、有韧性的资本市场。"因此可以认为，北交所的定位就是要帮助"专精特新"中小企业进行融资发展。

三、北交所制度设计四大亮点

北交所上市公司是新三板精选层的升级，其定位在于为广大创新型中小企业提供融资服务。北交所与现有的上海证券交易所、深圳证券交易所以及三大板块形成了错位发展的格局，彼此之间的业务范围互补。对于广大中小企业来说，北交所的成立使融资渠道得到了进一步的拓展。从宏观层面上来看，北交所的成立对于深化新三板改革、完善我国多层次的资本市场格局具有重要的战略性意义。

北交所上市公司主要脱胎于新三板的精选层，因此在北交所的制度规则设计方面，也是平移了新三板精选层中的不少制度。在具体实践过程中，可以把北交所制度设计的亮点总结如下。

1. 组织形式新

首先，从组织形式上来看，北交所是中国大陆成立的第一家公司制证券交易所。这一组织形式的创新，可以给北交所的经营提供更多的有效激

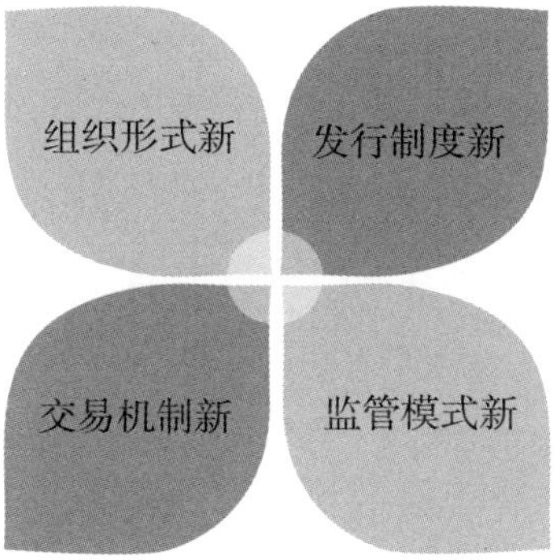

图 1–3　北交所制度设计四大亮点

励，在此基础上，北交所就有更加充足的动力为上市公司提供更多服务，造福广大中小企业。

2. 发行制度新

在发行制度方面，北交所使用的是试点注册制的发行制度，企业需要满足北交所提出的上市标准才能注册上市。在北交所的发行制度中，企业最低的上市门槛市值为 2 亿元人民币，市值要求相对较低，而且之前在新三板精选层挂牌的企业可以直接升级到北交所，二者之间的衔接十分紧密。此后，企业如果想要从新三板升级到北交所，需要在新三板挂牌满 12 个月的创新层公司才符合要求，可以看到，北交所的发行制度和新三板保持着紧密的联系，北交所的成立也使新三板对创新型企业的吸引力得到了提升。

3. 交易机制新

北交所在交易机制方面同样有所创新。北交所设置了 30% 的涨跌幅限制，也就是日内波动幅度限制在 30% 之内。这一涨跌幅限制在国内市场上是较为宽松的，表现出在北交所市场上交易具有一定的自由度。当然，更高的自由度也会给投资者带来更大的风险，因此北交所对于投资者的准入门槛也做出了规定，这也是出于对投资者保护的目的。北交所的个人投资者准入门槛为 50 万元人民币的资产，同时在北交所保持 T+1 的交易方式，这些都起到了控制个人投资者风险的作用。

4. 监管模式新

对于北交所上市公司的监管，采取的是持续监管的方式，具体来说就是把现金分红、减持规则以及股权激励三种方式结合起来进行综合运用。由于北交所脱胎于新三板，因此执行监管的政策上也会在一定程度上延续新三板原有的基础。同时，北交所监管的过程中没有券商强制跟投的规定，体现出北交所在管理过程中对中小企业的包容态度，打造了更适合这些企业发展的环境。

首批在北交所上市的公司总共有 81 家，这些企业基本都属于创新型的中小企业，符合北交所设立的定位，上市公司具有良好的成长潜力。在第一批于北交所上市的 81 家企业中，有 71 家企业是从新三板精选层直接过渡到北交所这一平台的，剩余的 10 家企业则是通过 IPO 的方式登陆北交所。通过分析第一批登陆北交所的企业，可以更加直观地看到北交所的模式特点。

从第一批在北交所上市企业的平均市值来看，这些企业的平均市值大约为 40 亿元人民币，这一数据与科创板和创业板企业的上百亿市值具有比较明显的差距，也表明北交所着重为中小企业提供上市服务的定位。从第一批在北交所上市企业的行业属性来看，81 家首批在北交所上市的企业，大部分属于先进制造业企业，约占七成，其次为信息技术产业，这两类企业是第一批在北交所上市企业的主体，符合国家鼓励政策导向。

四、北交所与新三板的关系

北交所是在新三板精选层的基础上完成组建的，想要深入了解北交所，对于新三板的了解就是必不可少的。下面就带领读者了解一下新三板市场的具体定义和新三板的分层挂牌制度。

1. 新三板市场

（1）新三板市场的具体定义。

在证券市场中常常提到的“新三板市场”，其全称是全国中小企业股份转让系统，简称“全国股转系统”。新三板市场 2013 年在国内开始正式运营，其上市经由国务院批准，是依证券法设立的在上海证券交易所和深圳证券交易所之后的第三家全国性的公开证券交易场所。新三板市场与上交所以及深交所的不同在于，新三板是证券交易场所而不是证券交易所，因此在新三板可以看到非上市公众公司在这里挂牌交易。新三板设立的目标，主要是为创新型、成长型中小企业提供证券服务，包括证券挂牌、公开转让股份、股权融资、债权融资以及资产重组等方面的服务支持。

（2）新三板的分层挂牌制度。

2016 年新三板正式实行分层挂牌制度，其中划分出了创新层、基础层两层，2020 年又增设了精选层，至此新三板总共划分了基础层、创新层和精选层三个不同的市场层次，可以为不同发展阶段、不同类型的中小企业提供各自所需的服务类型。新三板中基础层投资者的准入资金门槛是 200

万元，创新层准入资金门槛为 150 万元，精选层准入资金门槛为 100 万元，三者对于投资者的投资门槛是逐级递减的。北交所就是在精选层的基础上建立起来的，下面就来细说北交所与新三板之间的关系。

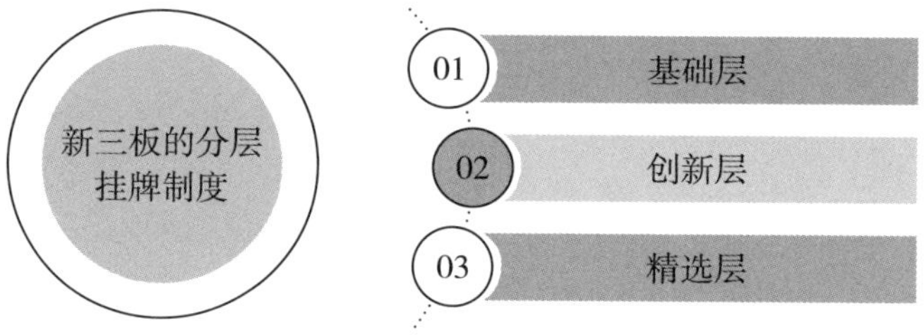

图 1-4　新三板分层挂牌制度的分层方法

（3）北交所与新三板之间的关系。

北交所实行的是公司制，而它的出资方实际上就是全国股转公司。新成立的北交所采取的是公司制的组织形式和管理体制，这是其创新点所在。全国股转公司在新三板精选层的基础上，对新三板的创新层和基础层进行统筹规划，完成了北交所的建设和发展，在此过程中实行的是“一体管理、独立运营”的方针策略。由此可知，北交所虽然脱胎于新三板的精选层，但是从其成立之始就独立运营，二者之间互不干涉。

2. 北交所成立给新三板带来的变化

（1）企业层面的变化。

北交所是以新三板原本的精选层为基础建立的，其中的挂牌企业全部转为北交所的上市公司。对于这部分精选层企业来说，北交所的建立让它们从挂牌公司升级成为上市公司，可以给他们带来更多的投资者和更大的企业知名度，对企业发展具有极大的促进作用。而过去属于新三板创新层和基础层的挂牌公司，则不会因为北交所的成立而发生变化，仍属于非上市公司。

（2）北交所新增上市公司为新三板的创新层企业。

根据北交所管理的相关规定，新增的上市公司应为符合条件的新三板创新层挂牌公司。从这里可以看到，北交所的新增公司和新三板之间依然保持着比较紧密的联系。在具体规定中，企业需要在新三板的创新层连续挂牌满 12 个月，符合预计市值以及财务标准等条件后，可以在证监会申请注册，然后经过向不特定合格投资者公开发行的步骤后，满足公众股东持股比例等要求和规定，可以在北交所上市。这就是北交所新增上市企业的相关要求。

（3）退出机制。

在北交所的管理规定中，除了有新增上市企业的机制，还有从北交所退出的相关机制。如果企业想要从北交所退市，那么只要符合规定，就可以退回到新三板的创新层或者基础层继续参与挂牌交易。北交所的这一退出机制，对于上市企业来说就是给予他们更多的选择余地，当发现企业不适合在北交所上市交易的时候，还可以选择退回到新三板挂牌。

北交所的设立，对于投资者来说，主要涉及以下两个层面的变化。

（1）北交所投资者准入资金门槛为 50 万元。

和新三板精选层准入资金门槛为 100 万元不同，北交所投资者在准入资金门槛方面的要求大为降低，只需要 50 万元，这让更多有心参与交易的中小投资者有了更多的参与机会，也让北交所的交易变得更为活跃。

（2）创新层投资者准入资金门槛降低为 100 万元。

随着北交所在精选层基础上的设立，新三板的原创新层和基础层投资者准入资金门槛也进行了一定的调整，从原来的 150 万元和 200 万元准入资金门槛，降低为 100 万元和 200 万元的准入资金门槛。这样一来，可以让更多的中小投资者参与到新三板的交易之中。

总结来看，北交所和新三板二者之间是相互独立的关系，二者之间关系的专业用语是“一体管理、独立运营”，这意味着北交所对新三板来说并不是从属关系。从实际角度出发，二者之间最直接的关系就是北交所上市的企业来自新三板的创新层。与此同时，如果上市企业想要从北交所退市，还可以退回到新三板去。

新三板和北交所是两个分别独立的公司法人，二者在股权方面具有一定的互联互通关系。北交所开市后，新三板精选层的在审项目平移到北交所，因此市场得以平稳健康地运行，保持运营的稳定。北交所这一创新性资本市场制度的确立，可以有效地补齐我国多层次资本市场发展普惠金融的短板，培育更加优秀的金融市场生态，为我国的创新经济发展提供更多的助力。

五、从首批上市企业看北交所机遇

北交所成立至今，首批在北交所挂牌上市的企业一共有 81 家，其中有很多优秀的企业，行业主要集中在科技、媒体和通信行业，还有多家企业是各自细分领域中的佼佼者。这些优质企业的共同特点是具有良好的成长性和创新性，突出表现了“专精特新”的属性，与北交所的定位十分契合。可以预期，这些在北交所上市的企业一定会获得很好的发展前景。

本节内容就介绍一下北交所首批上市的 81 家企业，来看看在北交所上市可以为企业带来怎样的发展机遇。

1.“专精特新”企业是北交所上市企业的主力军

根据统计，在第一批 81 家上市公司中，“专精特新”企业占了很大比例，这与北交所服务创新型中小企业的定位相吻合。在北交所首批上市的 81 家企业中，有 71 家企业来自精选层，其中有 13 家企业是国家级的专精特新“小巨人”企业，占比达到 18%，还有 31 家精选层企业是省级及以上专精特新“小巨人”企业。除了从精选层平移过来的企业，直接在北交所上市的 10 家企业中，科达自控、同心传动和中寰股份这三家企业也是国家级的专精特新“小巨人”企业，恒合股份、晶赛科技、大地电气和汉鑫科技这四家企业则是省级的专精特新企业，可以看到，专精特新企业在北交所上市企业的占比很高。

按行业分布来看，这些企业也表现出了比较强的行业集中度，高技术制造业、先进制造业、现代服务业、高技术服务业以及战略性新兴行业中的企业大约占据了九成。

从总体上来看，首批在北交所上市的公司，“专精特新”属性比较强，其中还有一些市值较高的企业，未来的成长潜力很大。

比如在北交所上市的贝特瑞公司，这家企业主要从事新能源材料的开发和生产，业务板块有三大项，即锂离子电池的正极材料、负极材料和石墨烯材料。根据企业的财报，2022 年企业的营业收入大幅度提升，同比增长 154.18%，销售毛利率提升约三成。此外，同属于北交所第一批上市企业的观典防务、长虹能源、翰博高新等企业的市场表现，也引起了市场的广泛关注。这些北交所上市企业中优质公司的盈利能力直追沪深上市公司，这些企业的“专精特新”特质也吸引了大量的投资者关注。

2. 北交所上市带来整体盈利能力的提高

第一批上市企业在主要财务指标上显示出良好的成长势头。从新三板精选层正式开板的时候来看，这些企业在当时的平均营收额为两三亿元，平均利润为四五千万元，但是在北交所上市后，这些企业的盈利能力整体跨上了一个新台阶，平均利润已经增长到了六七千万元。这是企业在北交所上市之后带来的一个非常直观的提升。

同花顺平台提供的数据统计结果显示，2021 年底，在北交所第一批上市的企业中，75 家已公布第三季度报告，这些企业的总计营收为 422.42 亿元，均值为 5.63 亿元，同比增长 34.74%，更有 10 家企业的业绩增幅在 50% 以上。除此之外，有 30 家企业的营收增长幅度达到 30% 以上，这在第一批北交所上市企业中的占比已经达到了 40%。

其中佳先股份营收增长是最快的，这家企业主要从事 PVC 新型环保热稳定剂及助剂的研发、生产和销售，主要产品是二苯甲酰甲烷和硬脂酰苯甲酰甲烷。佳先股份公司属于安徽省的专精特新企业，在 2022 年前三季度，该企业的营业收入达到了 3.31 亿元，同比增幅达到了 237.43%。对此，佳先股份方面称，营收大幅度增长的原因，一部分是因为将子公司沙丰新材料合并到统计报表之中，另一部分原因则是因母公司佳先新厂区的产能提高，同时旺盛的市场需求也为公司提供了十分有利的市场机遇，通过积极开拓市场，使得公司的产品销售实现了量价齐升。

在毛利率方面，第一批北交所上市企业的毛利率平均值约为 40%，超过半数企业的销售毛利率可以达到 30%。在销售毛利率排名前五名的企业中，都是生物制药行业的企业，其中诺思兰德以 90.48% 的毛利率高居首位。

诺思兰德公司是一家以基因治疗药物、重组蛋白药物以及眼用药物为主要研发、生产和销售的创新型生物医药公司。尽管从数据上看这家企业的销售毛利率很高，但其实诺思兰德的主要产品还在研究和开发的过程中，因此需要持续大量的资金支出，所以从 2013 年开始，这家公司实际上一直处于亏损的状态。考虑到这家企业的特殊性质，在研发阶段需要投入大量的资金，这其实也是情理之中的事情。诺思兰德公司得以在北交所成功挂牌上市，对于北交所上市制度的包容性是一个很好的证明。从这一角度来看，北交所开放包容的机制也给类似情况的企业提供了一个融资的良机。

3. 北交所企业估值有望再创新高

分析过了北交所首批上市企业的营收数据，下面从交易数据的角度来看一看企业在北交所上市获得的发展机遇。从 2021 年 9 月 3 日北交所正式成立，到 11 月 12 日精选层最后一个交易日，其间从新三板精选层平移过来的 71 家企业中，有 65 家股价都是上涨的，其中还有 9 家企业的股价区间累计涨幅超过 100%，涨势十分迅猛。涨幅超过 200% 的同辉信息和五新隧装这两家企业，涨幅分别达到了 246.43% 和 242.16%。而首次在北交所发行上市的10家企业中，其平均发行市盈率约为21倍，中位数为17.59倍，总计划募资（含发行费用）为 19.95 亿元。

值得一提的是，9 月 3 日，也就是北交所成立的当日，58 家精选层企业的换手率有了显著上升。根据已公布的换手率数据来看，平均换手率为 3.07%。而就在前一日，这些企业的平均换手率还不到 1%。

换手率数据很直观地反映了市场交易活跃度的提升，说明北交所的成立带给首批上市企业很高的市场活跃度，未来北交所的流动性还会有明显提升并保持在一定水平上。这对于在北交所上市的企业来说是一件好事，因为企业的估值会因此获得进一步提升。

总体而言，如果企业选择在北交所上市，那么其优势在于可以获得更短的股份锁定期和相对更大的初始流通盘。在这种情况下，企业大股东的解禁股份对市场冲击更小，有利于加速企业的估值消化速度。未来，北交所的市场参与度提升，预期还可以带动场内资金量的进一步上升，整体板块的估值还有上升空间。

第二章

北交所上市公司解析与最新上市企业风向

北交所的成立为“专精特新”企业的融资提供了便利条件，科技创新、模式创新、产品创新等类型的企业是北交所上市企业的主力军。本章内容选取北交所上市企业中具有典型特点的多家企业，对其进行详细的介绍和解析，包括优机股份、贝特瑞、中科美菱、观典防务、三维股份和海泰新能这 6 家企业，从中可以了解到北交所最新上市企业的风向。

一、优机股份——北交所进入百企时代

2021 年 9 月底，优机股份向北交所申报的 IPO 材料获得受理。2022 年 5 月 9 日，北交所上市委审议通过了优机股份的上市审查，同意优机股份的股票在 2022 年 6 月 24 日上市发售。2022 年 5 月 13 日，优机股份的注册申请报送证监会。2022 年 5 月 24 日，优机股份的注册申请获得证监会批复，同意注册。

优机股份不仅是成都市高新区第一家北交所上市过会的企业，更是成都市高新区营商环境优化的重要体现。2022 年 6 月 13 日，优机股份的网上申购正式开始。2022 年 6 月 17 日，优机股份公告披露北交所首次公开募股发行结果，拟发行募集资金 8050 万元左右，股票数量为 1150 万股，其目的是为航空零部件智能制造基地建设项目、研发中心升级建设项目募集资金，这是优机股份重要的业务。优机股份的上市仪式在 2022 年 6 月 24 日举行，之后其正式成为北交所第 100 家上市企业。

北交所在发行上市方面制订了具体的审计计划，让北交所上市发行的效率得到了有效提升，投融资两端之间的沟通效率具有明显优势，可以为创新型中小企业更好地提供服务。未来，北交所上市审核的效率还将有继续提高的可能，让企业能够更轻松、更快捷地上市。优机股份作为北交所第 100 家上市企业，不仅证明了自身的研发和盈利能力，更是北交所发展道路上标志性的案例。在北交所上市的企业，不仅具有良好的经营业绩，而且具有鲜明的创新特色，在发展过程中持续表现出高度的成长性，这是北交所上市企业的鲜明特征。

1. 优机股份基本信息

优机股份是一家集先进生产与创新服务于一体的高新技术企业，在定制化设备研发、设计、制造、销售一条龙方面有较强的专业性，能够提供各种类型的高品质定制服务。目前，该企业拥有五大业务系统，服务于油气化工、工程矿山机械、通用机械、液压系统设备及航空零部件精密定制等领域。

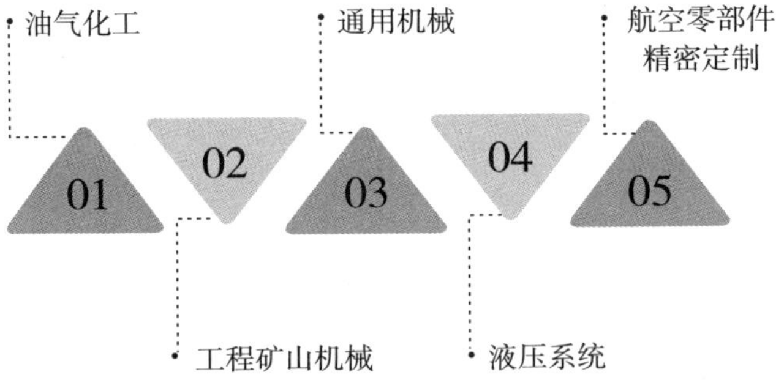

图 2-1　优机股份五大业务系统

公司在油气化工方面生产的各类阀门，广泛应用于长输油气管道、海上油气平台、储运罐区、油气加工、化工自控等领域。主要包括球阀、旋塞阀、闸阀、止回阀、截止阀等成套阀门及阀件。专业从事工程设备配件、矿山设备配件、冶金设备配件等工程配件的定制。公司以产品研发设计、材料与工艺创新、先进生产与检验检测等核心技术专长为基础，充分分析和研究用户的需求，专业分解生产流程，协调具体生产的每一道工序。与厂家合作改进技术方案，充分发挥技术、工艺、设备、成本等方面的独特优势，为客户提供多台定制机及备件，促进产能不断提升的同时，完善了“先进制造 + 一站式定制服务”业务模式，形成了一体化的盈利模式。

从优机股份经营的基本情况来看，企业具有专精特新的特点，与北交所上市的服务对象高度吻合，这是这家企业能够成功上市的重要现实因素。

2. 优机股份上市表现

优机股份上市的第一天，在开盘时以 7 元 / 股的价格上涨了 5%，开盘后继续大幅上涨，股价达到了 8.09 元 / 股，在第一个交易日中最大涨幅为 15.57%，这一表现可以说是相当强势。优机股份董事长罗辑对媒体表示：“优机股份很荣幸成为北交所第 100 家上市公司，见证了资本市场发展的里程碑，也让我们深感责任重大，对未来发展充满信心。”

其实，优机股份股价的强劲表现早在申购的时候就埋下了伏笔。按优机股份 2022 年 6 月 17 日在北交所上市发行的结果公告，参与股票打新的投资者数量达到了 19 万人之多，有效网上申购数量为 7217187700 股，按发行价折算达到了 500 亿元人民币的水平。据统计，网上有效申购倍数为 660.61 倍，最终网上获配股数为 10925000 股，获配金额总数是 7647.5 万元，网上获配比例是 0.15%，仅 39320 户投资者获配。由此可以看到，优机股份在申购过程中受到了投资者的广泛认可，这样的股票开盘迎来大涨也是情理之中的事情。

3. 北交所百企时代展望

北交所自设立以来，始终坚持为创新型中小企业提供服务，尊重其发展规律和发展阶段，不断提高其体制的开放性和准确性。据公开数据显示，在目前北交所的上市公司中，有八成以上的公司已进入战略新兴产业、先进制造业、工业材料、信息技术、医药健康等多元细分创新领域。

对于像优机股份这样的中小企业来说，在北交所上市发行意义重大。北交所是新兴的要素市场，它的成立显著拓展了中小企业的融资渠道，推动了企业的经营和研发创新。今后，期待北交所可以继续提升上市主体的质量，保持市场的稳定性和交易的便捷性，吸引更多的优秀中小企业和社会公众投资者进入北交所市场进行投融资活动。

目前，北交所的上市发行工作已步入正轨。自 2022 年起，在北交所成功上市的企业越来越多，合格投资者和机构投资者也纷纷加入，股市生态得到了显著的改善。据机构统计，公募基金 2022 年一季度重仓股中，北交所的股票市值总计达到 21.61 亿元，环比增长达到了 91.33%，这些数据表明机构投资者对北交所的认同正在逐渐增强。

二、贝特瑞——北交所“市值一哥”

在资本市场上，北交所是当前最受关注的话题，投资者关心北交所上市企业的风吹草动，这是北交所未来发展的风向标。如果要在北交所全部的上市公司中列出一张最受投资者关注的企业排行榜，贝特瑞一定是榜上有名，因为这家企业是北交所当前的“市值一哥”。

北交所即将成立的消息传出后，由于新三板精选层企业都可以在北交所挂牌上市，新三板市场热情空前高涨，个股股价迎来全面大幅度上涨，而在北交所开市第一天，贝特瑞的市值一度冲高至 961 亿元，高居北交所所有企业中的首位。

1. 贝特瑞公司基本情况

贝特瑞是中国宝安的下属子公司，以生产锂离子电池正极材料和负极材料为核心产品，其中负极材料的出货量已经连续多年登顶全球第一。贝特瑞是一家技术创新型企业，技术领先，产品完善，集基础研究、产品开发、生产销售于一体。贝特瑞公司的主要产品有天然石墨负极材料、人造石墨负极材料、硅基等新型负极材料、磷酸铁锂正极材料和高镍三元正极材料等锂离子电池正负极材料。这些材料是制造新能源汽车动力电池和储能电池的核心材料。

图 2-2　贝特瑞公司主要产品

目前，电力、储能等领域是新能源发展的热点，市场对于石墨电极等新材料的需求量很大，发展前景很好。在这一行业不断发展的过程中，最大的受益者是在材料技术领域拥有领先优势的企业。在供需加速的大背景下，这样的企业更应抓住增长机遇，积极增产，提高经营利润，贝特瑞公司正符合这一条件。作为国内最早生产大型硅基负极的企业之一，贝特瑞在技术和产能方面均处于行业领先地位，产能不断提升。报告期内，公司加大研发投入，完善产能建设，市场占有率进一步提升；电池技术研发水平处于行业前列，注册了多家科研机构，国家级、省市级站和工程中心等，形成了行业领先的自主创新能力。同时，公司还积极将电池材料、固态电解质、锂金属负极、燃料电池材料和高导热石墨烯等材料的回收利用技术应用于生产过程，在技术开发领域取得了显著的成就。

贝特瑞被称为北交所“市值一哥”，是因为自 2021 年 11 月 15 日北交所正式开市交易，到 2022 年 8 月为止，北交所市值最大的上市公司就是贝特瑞。贝特瑞在北交所开市当天的成交额达到 6.93 亿元，是成交额排名第一的股票，也是交易最活跃的股票。贝特瑞董事长贺雪琴先生在开市首日发来贺词，称赞北交所成立是中小企业发展的重大机遇：“北交所让专精特新企业获得重大机遇。贝特瑞将深扎北交所，借助北交所的资本平台，更好地吸纳人才，坚持创新和服务客户，打造成为一家更加优秀的企业。期待北交所能更好地发展，成为创新与资本融合的优秀平台。”

贝特瑞公司在吸引投资方面的能力十分强大。比如在吸引公募基金投资方面，贝特瑞的表现十分优秀。自北交所正式开市以来，公募资金参与北交所建设的兴趣与日俱增。基金公司通过一级市场申购 IPO 新股、二级市场投资、战略定位等方式向北交所挺进，有助于提高北交所股票的流动性。公募基金对于贝特瑞的市值做出了显著贡献，贝特瑞前十大股东中有两家是公募基金。

在北交所成立前，新三板的流动性和关注度都处于比较低的水平，北交所的成立，对于这些过去的新三板挂牌公司来说能不能让它们的市值持续上升？贝特瑞公司上市北交所之后市值暴涨，其中还有什么值得探究的地方？下面结合贝特瑞公司的市值大涨，分析企业北交所上市后可能带来的新机遇。

2. 北交所带给中小企业的新发展机遇

（1）中小企业发展的新舞台。

在市场经济里，中小企业是经济发展和促进科技创新的主要力量。多年来，我国一直在大力鼓励和扶持中小企业发展。但是，从现实角度出发，也需要承认，过去中小企业存在融资难、上市难等问题。

尽管我国有沪深两大证券交易所，但是沪深交易所面向的市场主体是大中型企业，上市要求高，国内绝大多数中小企业不具备在上交所和深交所上市的条件。北交所的成立改变了这一局面，让更多中小企业有了上市融资的机会。从第一批在北交所上市企业的市场表现可以看到，企业上市北交所后，股票活跃度明显提升，股价上涨速度较快，同时市值也快速增加，这一点在北交所“市值一哥”贝特瑞公司的案例上体现得尤为明显。

北交所成立后，立足为中小企业服务的初衷，根据中小企业自身的发展规律，探索、制定、实施了符合其发展规律的发行政策，起到了加强多层次资本市场互联互通的作用，对我国证券市场的改革与发展起到了至关重要的作用。对于广大中小企业，尤其是创新型中小企业来说，北交所提供的融资平台是一个十分适合企业发展的新舞台。

（2）鼓励发展“专精特新”产业。

具体来说，是要为“专精特新”中小企业搭建适宜发展的专门平台，大力扶持“专精特新”中小企业的发展。这也就解释了为何北交所会从原来的新三板精选层整体迁移过来，原因在于精选层恰恰就是中小型企业中优质企业的代表。

当前我国的发展战略方向非常清晰，即通过激励、引导、扶持企业走上高技术发展道路。大家都知道，在芯片、手机射频器件以及医学影像器件等高端精密制造行业中，我国企业的技术瓶颈问题尤其严重。在国家发展战略中，不仅要对行业中的龙头企业大力支持，还要扶持具有“专精特新”特点的中小型企业，培育“小巨人”，快速突破行业技术瓶颈的问题，这是当务之急。

（3）深化注册制是市场发展趋势。

北交所除了支持中小型企业上市融资外，还肩负着推动注册制更大范围进入中国资本市场的特别任务。如果说科创板注册制为我国的注册制开创了一条新的道路，那么，在全国范围内，北交所的设立是推行注册制具有重大意义的一步。

北交所的注册制不仅在准入门槛、上市审核、发行流程和持续监管等多方面进行了有益的探索，同时也对上市监管的全面性、有效性和创新性等方面提出了进一步的要求，对于注册制的完善具有重大的意义。此外，北交所在借鉴美国纳斯达克管理系统的基础上，制定了严格的市场退出机制，让北交所的管理更加严谨。这样一来，能够对在北交所上市公司的经营状况进行严格的控制，并将经营状况不理想的公司及时淘汰，以保证市场上都是比较优质的企业。

换句话说，就是北交所这一市场会变得越来越市场化，具有优胜劣汰的特点。对于等待融资机会的中小企业来说，市场上已有了一个崭新的面向中小企业的融资平台，而且未来的发展前景十分光明。通过贝特瑞这个精选层的“市值一哥”，可以在一定程度上确认，通过北交所上市的确可以解决中小企业融资难的痛点。当然，想要在北交所上市，对于中小企业而言还面临很多考验。

三、中科美菱——北交所最快过会纪录

2022 年 8 月 5 日，合肥市中科美菱低温科技股份有限公司顺利通过了北交所上市委员会审议，成为 2022 年安徽省首家在北交所过会的企业。中科美菱最值得关注的还不只是这一点，更引人注目的是其惊人的过会速度，只用了一个多月的时间就完成了从申请到审核通过的过程，准确地说这个时间是 37 天，中科美菱也由此创造了北交所成立以来最快的过会纪录。下面就围绕中科美菱这家企业展开讲讲，看看这家过会最快的企业带来了哪些可以借鉴的经验。

1. 中科美菱基本情况

中科美菱由美菱公司和中国科学院理化研究所于 2002 年创立，是一家专业研发、生产、销售生物医疗低温存储设备的企业，在医疗卫生、科研、生物医药和基因工程等领域都有涉及，属于国家支持的“专精特新”类型的企业。

中科美菱长期深耕主业，在行业中具有较强的竞争力，从 2020 年到 2021 年，其生物医药冷库行业专用设备公司在市场份额方面排名全国前三名。中科美菱重视科技研发，是国内首家医用超低温冷冻机制造商，打破了国外垄断的局面。中科美菱在深耕主业的同时，内部治理和信息披露等

方面都处理得很规范，这是中科美菱得以快速过会的重要基础。

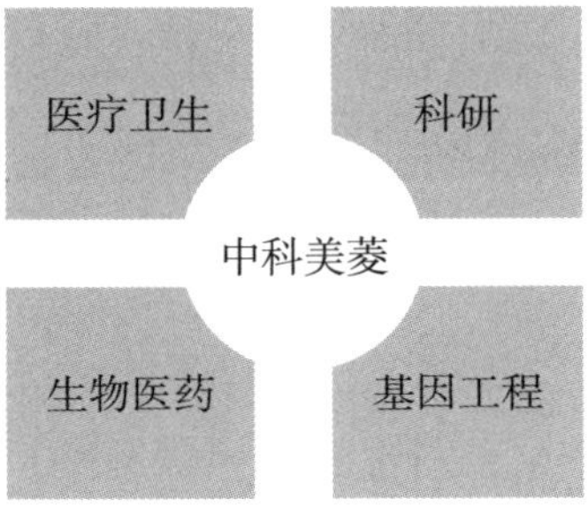

图 2–3　中科美菱涉及的业务领域

中科美菱快速过会后，于 2022 年 10 月 18 日在北交所正式上市，成为安徽省第一个在北交所上市的公司，同时也创下了自北交所成立以来最短过会时间纪录和上市时间纪录。中科美菱仅用 37 天的时间完成了过会，而从受理到上市仅用了 111 天，这一案例也充分体现了北交所的速度优势和制度优势。

据中科美菱上市的相关资料显示，中科美菱发行价为 16 元 / 股，发行市盈率为 24.79 倍，发行股票数量为 2418.27 万股，募集资金总额为 3.87 亿元。募资用于医疗存储设备建设项目、菱安高端医疗器械项目、研发中心建设项目以及销售渠道建设项目。

2. 中科美菱上市带给中小企业的启示

近年来，中科美菱大力发展核心业务，不断努力，注重创新，不断提高核心竞争力，保持持续发展的良好势头。内部治理和信息披露都严格依照标准执行，也为快速过会打下坚实的基础。北交所成立后，公司抓住机遇，研究决策。同时，合肥市政府也不断改善营商环境，通过良好的发展战略规划，为上市公司的发展提供坚实的保障。

虽然北交所上市审核速度持续加快，但是在对上市公司的质量要求方面却没有丝毫的放松。2022 年 10 月 10 日，在北交所上市委员会第 51 次审议中，常州迅安技术有限公司的上市申请就被“暂缓审议”。这样的暂缓审议在北交所上市企业中并不是个例，事实上，并不是每家企业在北交所的上市之路都和中科美菱一样顺利。这一次暂缓审议是由于个人卡的资金交易存疑。在公开审核意见发布后，北交所上市委员会还要求保荐机构对其个人卡的资金流动进行专门核查，并要求对有关问题直接提出明确的意见。

此外，泰达新材也曾由于不符合上市条件及披露条件等要求，成为在北交所上市被否决的公司。从问询记录中可以发现，其被否决的主要原因是近几年公司的毛利率明显高于同类公司，与此同时，净利润却出现了较大幅度的波动，这一问题被上市委员会敏锐地发现，阻止了其上市。

从上述上市失败的案例可以总结出，上市公司的基本素质是竞争的基础，也是其持续、健康发展的重要基础，同时也是上市过程中上市委员会重点关注的问题。目前，北交所正处在功能逐步优化、生态逐步完善的重要阶段，更迫切地需要一批高品质的上市公司来发挥“龙头”效应。

在《多层次资本市场研究》一书中，北京证券交易所董事长周贵华称，将严格把牢“入口关”，在保证上市企业质量的同时促进北交所规模的合理扩张。具体而言，一方面要实施企业培育、挂牌准入、日常监管、上市审核等“流程再造”，提升审核质量，促进优质企业顺利上市、快速发展；另一方面还需要强化上市审核的质量管理，更好地发挥上市委员会的监督作用。另外，要加强北交所对于不同产业的包容度，拓宽面向创新的中小型企业的市场容量。

四、观典防务——北交所转板第一股

观典防务是北交所第一家通过转板申请的企业，而且在三个月内就通过了转板并正式过会。据上海证券交易所主板上市委员会审核的结果，观典防务的转板申请获批，由中信证券担任其保荐机构。观典防务的转板成功意义重大，作为北交所转板的第一股，可以说是一项里程碑式的成果，对其他企业来说具有极高的参考价值。下面先来介绍一下这家企业的基本情况。

1. 观典防务基本情况

观典防务是国内最早涉足无人机禁毒业务的企业之一，并逐渐发展成为无人机禁毒行业的龙头企业。观典防务在无人机整机及子系统的设计、研发和制造方面积累了多项基础技术，并通过无人机技术建立了完整的数据服务和生产企业系统。同时，依托在数据和生产方面的两大优势，逐步进入反恐、环境监测、医疗等各类工业级无人机领域，近年来已发展成为一体化无人机生产和服务行业的佼佼者。作为军工企业，观典防务是全国无人机禁毒产业细分领域的龙头企业，享有“无人机禁毒第一企业”的称号。

从行业角度来看，无人机行业近年来发展迅速，未来增长空间很大。根据无人机的应用领域，可分为军用无人机和民用无人机两种。观典防务是我国禁毒无人机的创始者和龙头企业，技术优势明显，未来在无人机服务和数据处理方面的业务预计将有较大的增长空间。观典防务于 2019 年年初获得四项军工行业认证，未来将建立军用无人机实验室和相关领域的研究项目，业务范围持续横向拓展、纵向加深。

2. 观典防务的行业优势

在无人机航空服务和数据处理方面，观典防务依托十余年具有自主知识产权的数据库和专业处理技术，为客户提供项目规划、数据采集、数据解读等完整的解决方案。在无人机系统和智能防御装备方面，观典防务自主研发了各种无人机系统和杀伤装备等国防产品，建成了高质量的生产线，可以为客户提供定制化的产品设计、制造和服务，满足其要求。在军工领域，观典防务已达到可以军用的标准，积累了军事任务的技术基础和研发经验，逐渐形成观典防务新的利润增长点。

目前，我国禁毒遥感领域的主要技术工具是无人机和卫星。虽然无人机禁飞等限制在一定程度上会对无人机运行产生影响，但成本低、使用时间短、数据分辨率高、操作灵活等特点，在毒品活动的跟踪和认证精度方面具有明显的优势，相关产品的类型及其市场份额正在迅速增加，这也是观典防务的行业优势所在。

观典防务的另一大优势是数据处理，其智能数据处理系统在技术方面具有精确识别小物体和伪装目标的能力。此外，观典防务正在扩大其在遥感卫星领域的遥感成像技术优势，创建以无人机数据为核心、卫星数据为辅助的技术系统，进一步提升其数据实力。自 2010 年以来，基于多年的数据收集和在制药服务方面的经验，观典防务与各级制药部门建立了长期的合作伙伴关系。

观典防务是业内首家以无人机空中侦察为技术途径开展禁毒业务的企业，曾经参与国家无人机空中侦察法规的制定，并在多个省份提供禁毒培训业务，其技术实力获得了广泛认可。观典防务董事高明作为中国无人机禁毒空中研究的创始人，于 2020 年 11 月被党中央和国务院授予“全国模范工作者”称号。

观典防务的主要目标客户是以禁毒为主要任务的政府部门，或者在这一方面有关联的国有企业。观典防务提供的产品和服务较为稳定，其营收复合增长率较高，在军工和警用领域取得了一定程度的发展。但是，其作为无人机禁毒行业的公司，高度依赖政府机构在其中的财务投资。如果国家禁毒监管资金未来有所减少或政策支持减少，将影响公司未来禁毒业务的收入，限制增长空间，从而可能对整体发展产生负面影响，这是企业发展的风险点所在。

此外，该公司无人机系统和智能防务设备业务的规模还不够大，技术水平有待进一步提高，利润波动较大，相关产品面临较大的竞争压力。由于无人机技术和相关产品的升级换代速度比较快，需要企业研发能力的进一步发展和在研发方面持续地投入，这也对观典防务未来的发展形成了一定的考验。

3. 观典防务成功转板的意义

从观典防务成功在北交所转板的经历来看，我国资本市场服务实体经济的能力在不断提升，处于不同发展阶段的企业可以在资本市场上获得适合自身的便捷服务，企业可以根据交易场所自由选择，并能够充分利用不同市场特定的业务开发系统。北交所转板系统上线，意味着我国多层次资本市场的互联互通得到了更进一步的发展。

IPG 中国首席经济学家柏文喜对于观典防务顺利上市发表观点称，这一事件标志着从北交所到科创板和创业板的绿色通道已经顺利打通，对于提升转板企业的股票流动性与融资能力意义重大，同时对完善北交所、新三板功能，提升北交所、新三板的市场影响力，也意义重大。

对于其他有意向在北交所上市的中小企业来说，北交所转板通道的打通，意味着北交所上市之后，还有机会转移到新的平台进行发展，企业未来的发展空间拥有了更多的选项，灵活性得到了增强。

对于北交所自身来说，也不必担心因为转板的原因导致大量优质企业流失，如果一次性把好的公司都转走，那一定对北交所的成长不利，但是当前资本市场的主力军依然是沪深两市，这两大资本市场相对来说要成熟得多，因此选择从北交所转到科创板或者创业板的企业不会出现大量企业一起转移的情况。随着北交所的发展，北交所上市企业的稳定性也一定会得到大幅度的提高。北交所转板制度的实施，在更加长远的未来上一定会促使北交所不断地深化改革，使其更好地体现出包容性、创新性和服务性。

五、三维股份——专精特新“小巨人”登陆北交所

2022 年 8 月，江苏镇江的三维股份正式在北交所挂牌，不过企业的股价表现却并不尽如人意，上市首日表现平平，全天的上涨幅度只有 4.42%，而第二个交易日就直接跌破了 5.20 元 / 股的发行价。三维股份也是一家国家级专精特新“小巨人”企业，但是在北交所上市之后的表现却耐人寻味，本节来盘点一下三维股份北交所上市的历程。

1. 三维股份基本情况

镇江三维股份于 2004 年成立，其前身可以追溯至 1989 年，公司的经营历史较长。三维股份的总部坐落于江苏省镇江市高新技术产业开发园区，是上海经济圈和南京经济圈的交汇地带，地理位置十分优越。自 2009

年起，镇江三维股份多年荣获国家高新技术企业的称号。2013 年，三维股份取得了镇江市政府颁发的“科技小巨人”称号。2015 年，三维股份获得了江苏省散装物料输送装备工程技术研究中心的认证，并被江苏省教育厅认定为江苏省研究所工作站。2016 年，三维股份研发中心实验室获得了镇江市散料输送装备重点实验室的称号。2017 年，三维股份成为“专精特新”企业。2022 年，三维股份进入江苏省工信厅颁布的第四批国家级专精特新“小巨人”企业名单。

三维公司的产品主要应用于生产散装物料搬运设备和终端客户的耗材更换。公司主要客户包括中储粮集团、正大集团、新希望集团、益海嘉里集团等多个集团终端用户。

2. 三维股份曲折的上市之路

三维股份的上市之路并不是一帆风顺的。2022 年 3 月 25 日，北交所上市委员会暂缓审议三维股份的上市申请，这是北交所上市过程中第一家被暂缓审议的个股。当时，北交所上市委员会重点关注三维股份的财务违规情况、实际管理人的境外资金流向问题以及募集资金的合理性问题，并特别指出三维股份上市前曾出现的突击分红事件。

在上述几个问题中，三维股份的实际控制人境外资金流向问题是上市委员会重点关注的问题。三维股份的实际控制人是拥有澳洲国籍的外籍人士，长期居住在海外，儿子是中国人，但在澳洲拥有永久居留权。北交所上市委针对三维股份的情况，询问公司的实际管理人是否具有实际控制权，是否真正履行了董事长的职责和义务以及法务相关问题。根据资料显示，该公司在资金流向方面也存在较大问题，比如公司的奖金发放很多时候与董事账户有密切的关系，没有使用官方账户进行公司收付款行为，甚至存在使用公司出纳的微信账户作为收款账户的情况，种种问题都在北交所上市委的问询范围内。

北交所的暂缓审议窗口期是两个月，在三维股份被暂缓审议的两个月之后，也就是 2022 年 5 月 25 日，三维股份再次提交了申请稿。其内容中提出，实际控制人的儿子在 2023 年以后将不再续期澳大利亚永久居留权。同时在 5 月 25 日，三维股份发布了关于计划关闭外国子公司的通知。由于疫情和国际形势的不确定性，为减少经营亏损，进一步确保其外汇资金安全，发行人计划关闭加拿大境外子公司，随后成立三方交割部，解决了公司境外资金流向以及实际控制权方面的问题。关于公司使用个人账户支付和第三方支付等问题，三维股份解释说，该公司产品的特点是单位成本低，订单量低，客户群高度分散，因此通过他们的个人账户来支付货款，符合公司产品的特点，并且更有利于三维股份的公司经营。

2022 年 6 月 2 日，三维股份二度上会顺利过关，IPO 申请成功，但当时北交所上市委对于三维股份涉及国外的问题仍然存在一些担忧，提出了需要进一步补充说明的要求。6 月 30 日，三维股份按北交所上市委要求将补充说明报送证监会。7 月 26 日获证监会注册，8 月 22 日正式登陆北交所上市，至此，三维股份在北交所曲折的上市之路终于成功。

尽管三维股份的上市之路一波三折，但股票却受到了众多投资机构的青睐，总共有 7 个战投公司参与，战略配售共计 542.20 万股，战略配售的总规模为 2819.44 万元。在这一次的策略配售中，更是出现了私募基金的身影，各大机构对于这家企业的投资热情很高，在过去的几年中，北交所的新股票中都很少见到这种情况。

六、海泰新能——北交所上市企业最新风向

从 2022 年 3 月开始，北交所上会和上市的流程已基本进入常态，上市辅导、验收、申报、问询、上会、过会、公开发行和上市等各项工作都已经形成了一定的流程。大多数新股上市后的表现都是比较平稳的，也有一些新股上市的时候表现抢眼，这种股票大部分是行业好、业绩好的企业，资本对这一类型的企业是比较偏爱的。

很多投资者都很关注新股在北交所上市后的走势，因为新股的市场表现在一定程度上可以反映北交所最新的风向。目前来看，热点板块和业绩良好的新股更容易受到资金的青睐。下面介绍一家行业和业绩表现都比较优秀的企业——海泰新能，通过对这家企业上市表现的分析，来解析企业在北交所上市的最新风向。

1. 海泰新能基本情况

海泰新能全称是唐山海泰新能科技股份有限公司，它的前身是唐山邦德球墨铸管有限公司。2006 年，海泰新能正式成立，其注册地点是河北省唐山市玉田县。2016 年，海泰新能进入新三板，借助这个平台增加了融资，海泰新能的越南分厂得以建立，公司也成为国内主流的光伏组件厂商之一。

海泰新能是一家以晶体硅太阳能光伏组件研发、生产、加工、销售为核心的新能源解决方案提供商，负责太阳能光伏电站的开发、建设和运营。光伏机组是公司的主要产品。在海泰新能成立之初，其主要从事多硅锭的铸造和切片业务，后来引进了模型生产线，主要从事铸造业务。在我国强大的光伏单元企业中，海泰新能虽然规模不大，但看起来还是很特别的，因为它曾经是一家专门为组件企业生产配件模块的公司。

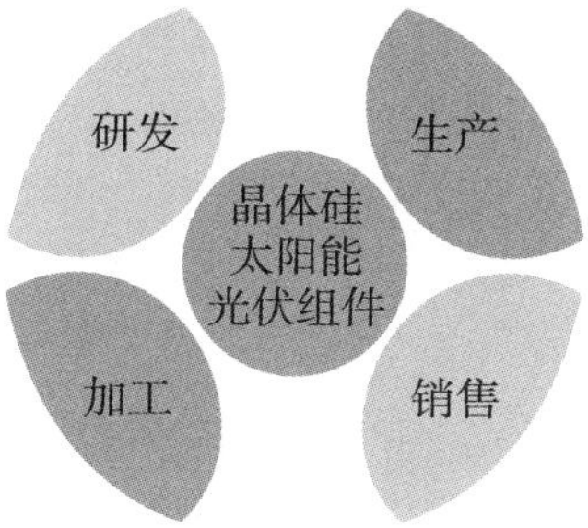

图 2–4　海泰新能的业务范围

2. 海泰新能上市情况

2022 年 6 月 17 日是海泰新能上市申请获得通过的日期；2022 年 7 月 6 日，证监会批准了海泰新能在北交所上市发行股票的申请；2022 年 8 月 8 日，海泰新能在北交所正式敲钟上市。作为光伏储能行业的龙头企业之一，海泰新能上市后的表现还是比较活跃的，公开发行价格为 9.05 元，发行市盈率为 24.58 倍，网上有效申购倍数为 78.16 倍，申购中签率为 1.28%。海泰新能在北交所上市的过程中，吸引了十个著名的投资机构参与，其中包括公募基金、券商、行业基金以及活跃的新三板基金等，可以说市场关注度是比较高的。

海泰新能的上市发行价格并不是很高，或许是因为同年上市的一些新股由于业绩不佳，股价被下调，因此影响到了市场预期。但是从另一个角度来看，尽管公开发行价格不高会让公司和原股东略有损失，但为投资者提供了更多的机会，这也是投资者对于海泰新能参与度较高的原因之一。

3. 海泰新能上市总结

从 2019 年年末开始，海泰新能就受到了不少投资者的关注，因为当时新三板改革，会有一批股票进入新推出的精选层，而精选层也就是现在北交所的前身。当初海泰新能就是因为自身在行业前景、商品营收和净利润水平等方面具有比较明显的优势而备受投资者的关注。海泰新能在 2020 年实现净利润 7693 万元，属于光伏储能概念股，尤其是公司的客户构成尤为具有吸引力。

同时，海泰新能也是首批通过工信部发布的《光伏制造行业规范条件》的公司，并获得河北省工业和信息化厅颁发的“省级制造业晶硅太阳能光伏组件单项冠军”的称号。海泰新能集团的业务范围涵盖了光伏组件、光伏电站、光伏支架、储能、氢能等五大领域。目前，海泰新能的全系列产品均已入围工信部光伏制造行业规范条件企业名单。公司生产的光伏组件产品相继通过了 IEC61215 和 61730 标准测试，拥有中国 CQC、中国 PCCC、美国 UL、德国 TUV、韩国 KS、澳洲 CEC、加拿大 CSA、印度 BIS、巴西 INMETRO、英国 MCS、欧洲 WEEE 等多项认证。

截至 2021 年年底，海泰新能已建成并拥有 3.6 MW 厂房的分布式光伏电站、2MW 的“光伏 + 煤炭 + 电力”。玉田恒泰有限公司 30MW 集中式光伏电站、芜湖祥泰 60MW“渔光一体化光伏发电项目”已经全部投产，并实现了市场化销售。未来，随着公司规模的不断扩大和发电能力的不断提高，太阳能发电企业的营业收入将会逐步增长。总而言之，海泰新能完全称得上北交所上市企业中能够独当一面的光伏巨头。

海泰新能的主要大客户有国家电网、国电投资、阳光电源、比亚迪等，都属于光伏储能和电力行业中的巨头。另外，这些大客户在海泰新能的销售总额中所占比例并不高，加在一起也没有超过 50%。这表明海泰新能的客户群体覆盖范围是非常广泛的，除了行业内顶尖的大客户，国内各大中型客户都有所涉及。也就是说，海泰新能在技术、产品和服务优势的基础上，已经建立起了属于自身的比较完善的市场。

第三章

北交所发行上市条件的认定

想要在北交所上市的中小企业，需要对北交所发行上市的认定条件非常了解，这样才能保证企业的上市之路更加通畅。本章内容整理了北交所发行上市的认定条件要求，并对北交所、科创板和创业板的上市条件进行对比，为企业选择适合自身的上市标准提供参考。

一、北交所上市发行条件

本节内容具体介绍企业在北交所上市发行所需要的具体条件以及文件中提出的负面清单内容，供有上市需求的企业参考。

1. 主体资格

（1）创新层挂牌企业。

发行人必须是在全国股转系统连续挂牌时间满 12 个月的创新层挂牌企业，这是企业在北交所上市的硬性规定。如果企业没有在创新层挂牌或者挂牌时间没有达到要求，是不能在北交所上市的。

（2）业务良好、组织健全。

企业必须具备健全且运行良好的组织机构，具有持续经营能力，财务状况良好。企业最近三年的财务报表中没有任何虚假记录，并委托会计师事务所出具无保留意见的审计报告。企业在经营过程中，要按照法律法规进行管理。如果不符合这些要求，上市申请不会通过。

图 3-1 北交所发行上市的主体资格

（3）合法合规。

发行人及其控股股东和实际控制人都需要遵守合法合规的要求，具体要求是：近三年不存在贪污、贿赂、侵占财产、挪用财产或者破坏社会主义市场经济秩序的刑事犯罪，不存在欺诈发行、重大信息披露违法或者其他涉及五类安全领域的重大违法行为；近一年内未受到证监会的行政处罚；不存在被立案侦查、立案调查尚未有明确结论等情形；不存在被列入失信被执行人名单且情形尚未消除；不存在未按照《证券法》规定在每个会计年度结束之日起 4 个月内编制并披露年度报告，或者未在每个会计年度的上半年结束之日起 2 个月内编制并披露中期报告的行为；不存在证监会和北交所规定的对发行人经营稳定性、直接面向市场独立持续经营的能力具有重大不利影响，或者发行人利益受到损害等其他情形。

这部分是北交所明确规定的对于发行人及企业控股股东和实际控制人的要求，从中可以看出，北交所对申请上市企业合规性方面的要求是很高的。如果在上市审查的过程中发现发行人、控股股东或者实际控制人有任何违法违规的情形，企业的上市申请都会被终止。因此，想要上市北交所的企业，一定要在合法合规方面进行详细的自我审查，防止上市计划被迫终止。

2. 财务标准

企业想要在北交所发行上市，需要满足以下四条财务方面的标准之一。

标准一：市场价值 + 净利润 +ROE。

企业市值不低于 2 亿元，最近两年净利润均不低于 1500 万元，且加权平均净资产收益率平均不低于 8%。或者最近一年净利润不低于 2500 万元，且加权平均净资产收益率不低于 8%。

标准二：市场价值 + 营运收益 + 营运资金。

企业市值不低于 4 亿元，最近两年营业收入平均不低于 1 亿元，且最近一年营业收入增长率不低于 30%，最近一年经营活动产生的现金流量净额为正。

标准三：市场价值 + 运营收益 + 研发投资。

企业市值不低于 8 亿元，最近一年营业收入不低于 2 亿元，最近两年研发投入合计占最近两年营业收入合计比例不低于 8%。

标准四：市值 + 研发投入。

企业市值不低于 15 亿元，最近两年研发投入合计不低于 5000 万元。

企业在上市过程中，可以根据自身情况选择最合适的上市财务标准，只要满足上述四条的其中之一，就算满足了北交所的上市财务要求，具有申请上市的资格。

3. 公众性标准

企业想要在北交所发行上市，还需要满足一些公众性的标准，也就是企业净资产、发行股份、股本、股东、持股比例等基本需求，具体规定内容如下。

企业最近一年期末净资产≥ 5000 万元；公开发行的股份≥ 100 万股，发行对象≥ 100 人，公开发行后，公司股本总额≥3000万元；公开发行后，公司股东人数≥ 200 人，公众股东持股占发行后股本总额≥ 25%；公司股本总额超过 4 亿元的，公众股东持股占发行后公司股本总额≥ 10%。公众股东不包括：持股 10% 以上的股东及其一致行动人；公司董监高及其关系密切的家庭成员，董监高可直接或间接控制的法人或其他组织。

上述公众性标准都是企业申请在北交所上市必须满足的硬性规定，企业在申请之前，需要对照自身情况一一进行比对，如果不能满足任何一条，就无法在北交所进行上市。

4. 北交所及新三板行业限制

北交所的发行规定中也有一部分涉及对于企业所处行业的限制，也就是说，部分行业是不能在北交所进行上市的。同样，企业在新三板上市时也面临着行业限制，但是北交所和新三板的行业限制不尽相同，下面就对企业在北交所和新三板上市的行业限制具体内容进行介绍。

首先，金融行业和房地产行业的企业是不能在北交所发行上市的，这部分企业不符合北交所促进创新型中小企业融资的设立初衷；第二，产能过剩行业以及在《产业结构调整指导目录》中规定的必须淘汰的行业，也是不能在北交所发行上市的，比如不符合环保要求，会造成比较严重工业污染的行业，这类企业也不是北交所支持发展的企业；第三，学前教育类行业和学科培训类行业，这一类型的企业同样不符合北交所支持发展的企业类型，因此不得在北交所发行上市。

新三板企业挂牌的行业限制如下。

第一类是金融类行业，包括私募管理机构以及房地产开发行业，这部分基本与北交所的行业限制是一致的，但是更加详细，提出了私募管理机构等与投融资密切相关的企业也不能在新三板挂牌的要求；第二类是产业政策明确禁止的限制类或淘汰类行业，比如不符合环保要求的行业，这项要求也基本与北交所挂牌限制的要求一致；第三类是义务教育及学前教育行业，也与北交所的要求基本一致；第四类是殡葬、洗浴、债务催收等行业。

由于企业想要上市北交所需要先在新三板挂牌，因此企业对于新三板挂牌的行业限制也需要有所了解，防止因行业限制问题无法达成上市目标。

5. 北交所上市负面清单

为继续深化新三板改革和北交所改革，使之可以更好地和全国股转系统的创新层、基础层实现一体化协同发展，提高证券公司的执业质量，北交所推出了对证券公司专业质量的评价指标和证券公司执业质量的负面清单，用以进一步规范证券公司在北交所发行上市过程中的市场行为。

《证券公司专业质量评价指标及计算方法》（以下简称《评价方法》）和《证券公司执业质量负面行为清单》（以下简称《负面行为清单》）于2021年12月31日公布，并从2022年1月1日开始正式施行。这两份文件属于《证券公司执业质量评价细则》（以下简称《评价细则》）的配套文件，其中对于专业质量评价的指标体系、计算方法和负面行为等都有详细的规定。《评价方法》《负面行为清单》《评价细则》等文件组成了证券公司执业质量评价的重要制度体系。

对于想要在北交所发行上市的企业来说，需要对这些文件的内容和主要精神有深入的了解，以规避上市过程中可能出现的问题，从而让企业以更快的速度和效率在北交所发行上市。

下面就对《评价细则》《评价方法》和《负面行为清单》这三份重要文件所体现出的主要精神进行提炼和概括，其核心可以浓缩成以下四个要点。

（1）统一管理。

证券公司大多在北交所和全国股转系统开展不同的业务，为了实现统筹规划、统一管理的目标，文件提出要对证券公司的业务进行分类列示和统筹评价。

（2）强化激励。

文件中的内容还涉及对证券公司的强化激励，具体来说包括对证券公司专业素质的评估，以及对证券公司提供的推荐、保荐和发行等投行类源头业务、增量业务倾斜，通过政策激励的方式来进一步刺激证券公司的业务发展，促进交易市场的整体进步。

（3）做好衔接。

文件中强调了全国股转市场和北交所的衔接问题，要求强化证券公司的专业质量评估指标和新三板专项加分之间的衔接，通过这种方式增加其权威性和导向性。

（4）落实责任。

文件内容中还强调了证券公司的责任落实，通过统筹管理的方式，明确划分出证券公司在北交所和全国股转系统执业中的负面行为，在实践中强化各大证券公司合规执业的意识，让我国证券市场得以更加健康地发展。

《评价方法》《负面行为清单》和《评价细则》等文件中涉及的业务范围是十分广泛的，覆盖了证券公司在北交所以及全国股转系统开展的全部业务，相关的指标种类也是十分全面的，这让实际执行的过程有了更加清晰的规则可以遵照。其中《评价方法》中有 8 项业务，总计 21 个评价指标，其内容包括北交所上市的推荐挂牌、并购、持续督导、做市等，在综合服务方面也覆盖了多种细分领域。在《负面行为清单》文件中，按照职业品质经营和消极行为分类相结合的方式，总共列举了 8 种经营活动共计 72 项负面行为，并对各种负面行为的具体情况进行了详细的界定，让实际执行有据可依。

二、企业在北交所上市的四个阶段

企业在北交所上市的过程，可以划分成四个主要阶段，企业可以在不同阶段进行不同的准备工作，处理不同的上市事务，提升企业在北交所发行上市的效率。

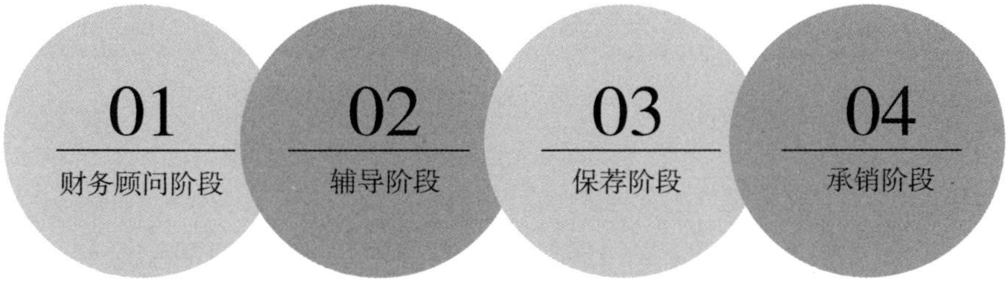

图 3–2 北交所上市发行的四个阶段

1. 财务顾问阶段

这一阶段中，企业需要寻找合适的中介机构作为企业的财务顾问。财务顾问会按照北交所公开上市发行的要求，对企业进行各种财务和法律规范方面的指导。

2. 辅导阶段

这一阶段中，企业需要在中介机构的帮助下，在当地证监局辅导备案，辅导阶段所需要的时间大概为 3 ~ 6 个月。

3. 保荐阶段

这一阶段中，中介机构需要走访企业、制作底稿、准备申报材料，并将材料送审，取得申报反馈。

4. 承销阶段

企业股票承销并上市。

企业完成这四个阶段之后，就完成了在北交所上市发行的全部步骤。企业需要根据自身情况在不同阶段做不同的准备工作，以保证企业的上市进程可以有条不紊地顺利完成。

三、北交所、科创板、创业板上市条件的异同

对于有融资需求的中小企业来说，北交所、科创板和创业板都是可选的上市平台，而这些平台的上市条件则有一定的区别。企业需要了解北

交所、科创板和创业板的上市条件，从而选择最适合本公司情况的上市条件，为企业选择最合适的上市路径。本节内容就对这三个市场的上市条件分别进行介绍，帮助企业明确这三家平台在上市条件方面的区别。

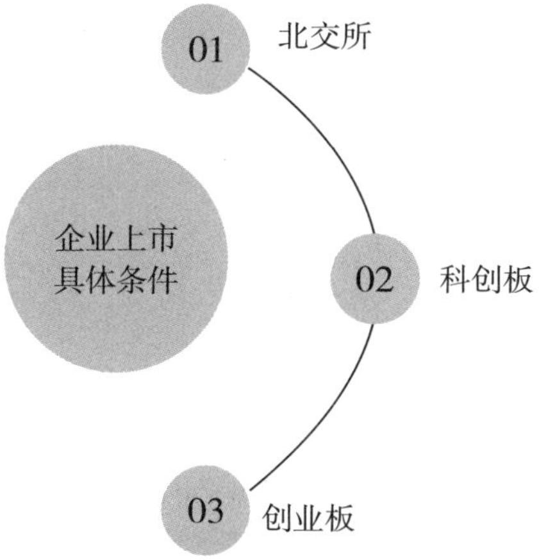

图 3–3　不同平台上市条件的异同

1. 北交所上市条件

根据北交所公布的《北京证券交易所关于上市规则、交易规则和会员管理规则公开征求意见的通知》，发行人在北交所申请公开发行股票并上市交易，需要符合下列条件。

（1）发行人为在全国股转系统连续挂牌满 12 个月的创新层挂牌公司；

（2）符合中国证券监督管理委员会规定的发行条件；

（3）最近一年期末净资产不低于 5000 万元；

（4）向不特定合格投资者公开发行的股份不少于 100 万股，发行对象不少于 100 人；

（5）公开发行后，公司股本总额不少于 3000 万元；

（6）公开发行后，公司股东人数不少于 200 人，公众股东持股比例不低于公司股本总额的 25%；公司股本总额超过 4 亿元的，公众股东持股比例不低于公司股本总额的 10%；

（7）市值及财务指标符合本规则规定的标准；

（8）本所规定的其他上市条件。

鉴于北交所发行人需要在全国股转系统创新层连续挂牌满 12 个月，因此企业还需要满足在创新层挂牌的条件，具体内容如下。

（1）最近两年净利润均不低于 1000 万元，最近两年加权平均净资产收益率平均不低于 8%，股本总额不少于 2000 万元；

（2）最近两年营业收入平均不低于 6000 万元，且持续增长，年均复合增长率不低于 50%，股本总额不少于 2000 万元；

（3）最近有成交的 60 个做市或者集合竞价交易日的平均市值不低于 6 亿元，股本总额不少于 5000 万元；采取做市交易方式的，做市商家数不少于 6 家；或者在挂牌时即采取做市交易方式，完成挂牌同时定向发行股票后，公司股票市值不低于 6 亿元，股本总额不少于 5000 万元，做市商家数不少于 6 家，且做市商做市库存股均通过本次定向发行取得。

除了上述条件之外，还应当符合下列条件。

（1）公司挂牌以来完成过定向发行股票（含优先股），且发行融资金额累计不低于 1000 万元；完成挂牌同时定向发行股票，且融资金额不低于 1000 万元；

（2）符合全国股转系统基础层投资者适当性条件的合格投资者人数不少于 50 人；

（3）最近一年期末净资产不为负值；

（4）公司治理健全，制定并披露股东大会、董事会和监事会制度、对外投资管理制度、对外担保管理制度、关联交易管理制度、投资者关系管理制度、利润分配管理制度和承诺管理制度；设立董事会秘书；

（5）中国证监会和全国股转公司规定的其他条件。

2. 科创板上市条件

企业在科创板上市，需要符合《国务院办公厅转发证监会关于开展创新企业境内发行股票或存托凭证试点若干意见的通知》中的有关规定。在科创板上市的企业主要是营业收入增长速度快，拥有自主研发能力，并在同行业竞争中处于优势地位的红筹企业。企业想要在科创板上市，在自身市值及财务指标等方面，需要至少符合下列上市标准中的一项，具体条件如下。

（1）发行人是依法设立且持续经营三年以上的股份有限公司，具备健全且运行良好的组织机构，相关机构和人员能够依法履行职责。有限责任公司按原账面净资产值折股整体变更为股份有限公司的，持续经营时间可以从有限责任公司成立之日起计算。

（2）发行人会计基础工作规范，财务报表的编制和披露符合企业会计准则和相关信息披露规则的规定，在所有重大方面公允地反映了发行人的财务状况、经营成果和现金流量，并由注册会计师出具标准无保留意见的审计报告。

（3）发行人内部控制制度健全且被有效执行，能够合理保证公司运行效率、合法合规和财务报告的可靠性，并由注册会计师出具无保留结论的内部控制鉴证报告。

（4）发行人业务完整，具有直接面向市场独立持续经营的能力。

（5）发行人资产完整，业务及人员、财务、机构独立，与控股股东、实际控制人及其控制的其他企业间不存在对发行人构成重大不利影响的同业竞争，不存在严重影响独立性或者显失公平的关联交易。

（6）发行人主营业务、控制权、管理团队和核心技术人员稳定，最近两 年内主营业务和董事、高级管理人员及核心技术人员均没有发生重大不利变化；控股股东和受控股股东、实际控制人支配的股东所持发行人的股份权属清晰，最近两年实际控制人没有发生变更，不存在导致控制权可能变更的重大权属纠纷。

（7）发行人不存在主要资产、核心技术、商标等重大权属纠纷，重大偿债风险，重大担保、诉讼、仲裁等或有事项，经营环境已经或者将要发生重大变化等对持续经营有重大不利影响的事项。发行人生产经营符合法律、行政法规的规定，符合国家产业政策。

（8）最近三年内，发行人及其控股股东、实际控制人不存在贪污、贿赂、侵占财产、挪用财产或者破坏社会主义市场经济秩序的刑事犯罪，不存在欺诈发行、重大信息披露违法或者其他涉及国家安全、公共安全、生态安全、生产安全、公众健康安全等领域的重大违法行为。

（9）董事、监事和高级管理人员不存在最近三年内受到证监会行政处罚，或者因涉嫌犯罪被司法机关立案侦查，或者涉嫌违法违规被证监会立案调查，尚未有明确结论或意见等情形。

3. 创业板上市条件

发行人在创业板申请首次公开发行股票应当符合下列条件。

（1）发行人是依法设立且持续经营三年以上的股份有限公司，有限责任公司按原账面净资产值折股整体变更为股份有限公司的，持续经营时间可以从有限责任公司成立之日起计算。

（2）最近两年连续盈利，最近两年净利润累计不少于1000万元；或者最近一年盈利，最近一年营业收入不少于5000万元。净利润以扣除非经常性损益前后孰低者为计算依据。

（3）最近一年期末净资产不少于2000万元，且不存在未弥补亏损。

（4）发行后股本总额不少于3000万元。

（5）发行人的注册资本已足额缴纳，发起人或者股东用作出资的资产的财产权转移手续已办理完毕。发行人的主要资产不存在重大权属纠纷。

（6）发行人应当主要经营一种业务，其生产经营活动符合法律、行政法规和公司章程的规定，符合国家产业政策及环境保护政策。

（7）发行人最近两年内主营业务和董事、高级管理人员均没有发生重大变化，实际控制人没有发生变更。

（8）发行人的股权清晰，控股股东和受控股股东、实际控制人支配的股东所持发行人的股份不存在重大权属纠纷。

（9）发行人具有完善的公司治理结构，依法建立健全的股东大会、董事会、监事会以及独立董事、董事会秘书、审计委员会制度，相关机构和人员能够依法履行职责。

（10）发行人应当建立健全股东投票计票制度，建立发行人与股东之间的多元化纠纷解决机制，切实保障投资者依法行使收益权、知情权、参与权、监督权、求偿权等股东权利。

（11）发行人会计基础工作规范，财务报表的编制和披露符合企业会计准则和相关信息披露规则的规定，在所有重大方面公允地反映了发行人的财务状况、经营成果和现金流量，并由注册会计师出具无保留意见的审计报告。

（12）发行人内部控制制度健全且被有效执行，能够合理保证公司运行效率、合法合规和财务报告的可靠性，并由注册会计师出具无保留结论的内部控制鉴证报告。

（13）发行人的董事、监事和高级管理人员应当忠实、勤勉，具备法律、行政法规和规章规定的资格，且不存在下列情形：

① 被证监会采取证券市场禁入措施尚在禁入期的；

② 最近三年内受到证监会行政处罚，或者最近一年内受到证券交易所公开谴责的；

③ 因涉嫌犯罪被司法机关立案侦查或者涉嫌违法违规被证监会立案调查，尚未有明确结论意见的。

（14）发行人及其控股股东、实际控制人最近三年内不存在损害投资者合法权益和社会公共利益的重大违法行为。发行人及其控股股东、实际控制人最近三年内不存在未经法定机关核准，擅自公开或者变相公开发行证券，或者有关违法行为虽然发生在三年前，但目前仍处于持续状态的情形。

符合上述条件的企业可以在创业板进行上市。

4. 企业在北交所、创业板、科创板上市条件比较

通过对比企业在这三种不同市场上市发行的条件，可以发现，从总体上看，企业在北交所上市发行需要满足的条件是最少的，相对来说也最宽容。这反映了北交所开放、包容的上市模式，给予了更多处于起步发展阶段的中小企业上市融资的机会。如果企业有上市需求，而且自身实力还不是十分雄厚，考虑在北交所上市是更容易实现的目标。

四、IPO 上市四套标准如何选择

北交所从设立之日开始实行注册制，符合条件的公司都可以在北交所上市发行。根据不同的行业和类型，北交所制定了四套可供企业选择的上市标准，既能兼顾尚未盈利的企业，也可以为净利润超过 10 亿元的公司提供服务，在制度安排方面，充分体现了北交所对上市企业服务的包容性。

1. 北交所上市的四套标准

关于在北交所上市，企业在市值和财务指标方面的标准，前文已提及，下面详细解读一下。

根据北交所上市发行的有关规定，发行人在申请公开发行时，其市值和财务指标必须满足以下四个条件之一。

（1）企业市值不低于 2 亿元，最近两年净利润均不低于 1500 万元且加权平均净资产收益率平均不低于 8%，或者最近一年净利润不低于 2500 万元且加权平均净资产收益率不低于 8%；

（2）企业市值不低于 4 亿元，最近两年营业收入平均不低于 1 亿元，且最近一年营业收入增长率不低于 30%，最近一年经营活动产生的现金流量净额为正；

（3）企业市值不低于 8 亿元，最近一年营业收入不低于 2 亿元，最近两年研发投入合计占最近两年营业收入合计比例不低于 8%；

（4）企业市值不低于 15 亿元，最近两年研发投入合计不低于 5000 万元。

在北交所上市委员会召开审议会之前，由于公司财务报表更新等原因，发行人不能满足申报时选择的上市标准，必须提交变更申请，说明原因，并更新相应的文件；不能满足任一条件的，可以撤销其上市申请。保荐机构应核实发行人是否有充足的理由变更其上市准则，对其所选用的新准则逐一阐述其适用理由，并对其是否符合上市条件再次发表明确的意见。

2. 对四套上市标准的理解与适用企业分析

企业可以根据自身情况与四套标准的规定对号入座，选择最适合企业的上市标准，需要重点关注以下几个要点。

（1）选择第一套标准上市的企业需要重点关注的方面如下。

发行人对于最近一年的净利润对关联方或者有重大不确定性的客户是否存在重大依赖；发行人最近一年的净利润是否主要来自合并报表范围以外的投资收益；最近一年的净利润对税收优惠、政府补助等非经常性损益是否存在较大依赖；净利润等经营业绩指标大幅下滑是否对发行人经营业绩构成重大不利影响等。

（2）选择第一、二、三套标准上市的企业需要重点关注的方面如下。

发行人最近一年的营业收入对关联方或者有重大不确定性的客户是否存在重大依赖，营业收入大幅下滑是否对发行人经营业绩构成重大不利影响。

（3）选择第三套标准上市的企业需要重点关注的方面如下。

企业最近一年的营业收入是否主要源于前期研发成果的产业化。

（4）选择第四套标准上市的企业需要重点关注的方面如下。

企业的主营业务应属于新一代信息技术、高端装备、生物医药等国家重点鼓励发展的战略性新兴产业。保荐机构重点关注的方面是发行人创新能力是否突出，是否具备明显的技术优势，是否已取得阶段性研发或经营成果等。

3. 招股说明书中关于经营情况的披露

发行人应在公开发行股票时，对公司的经营业绩造成严重负面影响的各种因素进行分析和披露，以充分揭示相关的风险。保荐机构应当根据以上问题及发行人的相关信息，对发行人的发行条件作出明确的说明。

下面补充一些企业在北交所申请上市时在招股说明书中关于经营情况披露方面需要注意的问题。

一般情况下，披露内容应包括发行人产品、服务、业务的发展趋势、研发阶段、实现损益平衡所需的主要运营因素。如果发行人目前尚无利润或者最近一年出现累积亏损，保荐机构应当着重于发行人在招股说明书中“风险因素”“其他重要事项”部分，根据《公开发行证券的公司信息披露内容与格式准则第46号——北京证券交易所公司招股说明书》的规定，对发行人的相关信息进行全面披露。对于发行人目前尚无利润或者最近一段时间出现的累积亏损，需要解释其出现的原因，并说明是由于偶然原因还是经常性的原因造成的，从而证明其不会对发行人的持续经营产生不利影响。

第四章

注册制与北交所发行上市程序

北交所实行注册制，对于企业来说是降低了准入门槛的举措，可以有效促进相关企业更快更高效地进入证券市场，不断扩大证券市场规模，进而促进北交所的快速发展。对于有融资需求的企业来说，了解注册制与北交所发行上市的程序是必不可少的。本章内容将为读者揭示注册制的创新之处，并针对北交所发行上市的基本程序以及北交所发行上市的常规时间进行讲解，帮助读者加深对北交所上市流程的了解。

一、了解注册制

1. 注册制的概念

证券发行注册制指的是证券发行申请者依法向社会公布与其相关的所有信息、资料，并制作成法律文书，提交主管机关进行审核，主管机关则仅根据申请人所提供的资料判断其是否履行了信息披露义务的证券发行制度。

在注册制发行的市场条件下，最为显著的特点就是证券发行审计部门仅对注册资料进行形式审查，证券注册的目的在于为投资者提供有关证券要件的书面资料，用以帮助作出投资决策。如果投资者在投资的过程中受到了损失，需要自己承担后果。如果企业注册过程中提交的资料是符合规定的，则不能因股票的定价或各种其他原因而拒绝其注册的申请。对于发行人来说，注册制简化了上市流程，让上市变得更加容易，有利于快速获得企业发展所需的融资；对于投资人来说，注册制市场上的风险无疑比核准制市场更大，因此这一市场更适合机构投资者参与投资。

2. 注册制与核准制的异同

过去我国资本市场惯用的审核方式是核准制，随着北交所实行注册制，A 股市场也开启了全面注册制时代 。对于部分市场参与者来说，可能对于这二者的区别并不是十分清楚。下面来说一说注册制和核准制这两种上市方式的异同，帮助读者加深对于注册制发行模式的理解。

图 4–1　注册制与核准制的不同内核

注册制是指发行人在准备发行证券时，必须把规定中需要公开的各种资料完整、真实、准确地向证券主管机关呈报，以此来申请形式审查。审查的过程中不会把发行人的营业性质、财力、素质和企业发展前景、股票发行数量与价格等条件作为发行审核的核心条件，也不会以这些方面的问题作为理由驳回发行申请。发行人提交申报文件后，超过法定期间没有被提出异议，那么发行人的申请就可以自动生效，获得发行资格。

在核准制的市场中，公司申请发行股份时，既要充分披露公司的实际情况，又要满足相关法规和监管部门的各种要求，同时也会对发行人的发行条件进行实质性的审查。可以看到在核准制市场中，发行人需要审查的内容和审查步骤都要比注册制复杂许多。

从这一点可以看出，注册制更加倾向于文件形式方面的审查，而核准制更加倾向于企业实质层面的审查。这两种审查制度的根本区别就在于，审查机构对公司的价值有没有作出评判。这里所说的核准制的实质审查，包含两个层面的意义：第一个层面是行政机关对发行人公开内容的真实性进行核实和判定；第二个层面则是行政机关对发行人公开信息的投资价值作出评判，鉴定为具有投资价值的才能够获准上市。在发行人申请上市的核准过程中，通常采用的是第二层意义的实质审查，也就是对公司证券的投资价值和风险进行评判。

3. 实施注册制的意义

注册制度的实施，可以预期将会使我国资本市场发生巨大的变化。

第一，投资者构成将会改变，向机构化的方向发展，散户的比例会持续下降。同时，在注册制度下，壳资源的价值也会下降，垃圾股会逐渐被市场淘汰，这是一个弱肉强食、优胜劣汰的过程，同时也是对资本市场环境的净化，让更多优质的企业留在市场中。投资者在这样的市场环境下会更多地关注公司的基本面，并愿意把更多的钱投资到市场，从而吸引公募、风投、外资等机构的长期资金入市。

第二，从长远来看，股票市场或将开启一条“降低波动性”之路。股票的波动性会下降，因为在注册制下，不同质量的公司业绩会出现明显的分化，追逐热点和题材炒作的风险会越来越大。投资者也会意识到，投资股票的难度越来越大，市场受到的外界干预变少了，“降低波动性”也就成了必然出现的结果，这对我国资本市场来说也是一件好事。

下面对实施注册制后的发展趋势进行分析。

首先，市场可能会分成两个层次，好的公司会变得更强，发展的上限被抬得很高；业绩平平的企业则会被边缘化，交易量会减少，股票价格的波动性也会呈现降低的趋势，只有极少数公司的股价会保持持续上升。

其次，每年退市的公司数量会大幅度上升。在目前的 A 股市场，很少有退市的企业，一旦上市，企业基本上就拥有了很大的保障。但上市企业出现经营不善甚至破产的情况并不少见，必须要有效淘汰这些股票，保持市场中优质企业的比例占多数。在注册制实施的情况下，企业退市可能会成为家常便饭，企业业绩不好或者出现问题的，就必须退出市场。在优胜劣汰的机制下，我国资本市场将会形成更加健康的市场氛围。

最后，机构投资者将会成为市场的主力，散户的数量将会减少。这是因为在注册制市场中，投资者对公司的专业知识、对基本面的了解必须达到很高的水平，这样才能具备对企业发展的准确判断，而大部分散户都不具备这样的条件，未来这些散户要么是选择退出市场，要么就是购买基金。在股票市场中，机构投资者将会成为更加重要的主力。

二、预上市企业的股份制改造

如果企业计划在北交所上市，那么企业需要做的一个必要的准备工作就是对企业进行股份制改造，这是企业完成上市转变的关键步骤。

1. 股份制改造的具体细节

（1）发起人的资格和人数。

设立股份有限公司的第一件事是要确定发起人，由发起人签订设立公司的协议，承担设立公司的责任。企业的发起人数量不止一个，当达成设立公司的协议后，可以委托其中一个发起人办理设立公司的申请手续。

《公司法》规定，设立股份有限公司，应当有 2 个以上发起人，其中须有半数以上在中国境内有住所。发起人可以是自然人，也可以是法人。如果是以企业作为发起人的，要经过企业资产所有者的批准才有效。如果不以企业作为发起人，也可以选择企业投资者作为发起人，这种情况会涉及公司组织形式的变更。根据《公司法》第四十三条的规定，有限责任公司的解散、分立或变更公司形式，必须经代表 2/3 以上表决权的股东通过，因此还需要表决通过后发起才算有效。

（2）股本及其认缴方式。

按照《公司法》规定，股份有限公司的最低资本额不得低于 500 万元，上市发行股票的股份有限公司的最低注册资本为 5000 万元，同时还需要满足公司组建前三年均盈利的要求。股份有限公司的设立，可选择发起设立或募集设立这两种方式，如果是发起设立，则发起人必须认购全部股份，同时一次性缴足股款；如果是募集设立，则发起人需要认购超过公司股份总数 35% 的股份，其余股份向社会公开募集。

（3）公司治理结构调整。

按照《公司法》规定，上市公司的公司治理结构要与之相适应，因此企业上市之前的必要步骤就是对公司的治理结构进行调整。具体来说，需要设立股东大会作为权力机构，设立董事会、监事会，董事会根据公司章程任命经理，负责公司的生产和运营管理，并负责公司的决策；监事会是公司的内部监督机构，行使对董事、经理及其他高管的监督。企业在上市之前需要将公司的治理结构调整到符合上市要求的状态，否则会在审查环节对企业的上市计划造成阻碍。

（4）生产经营场所和生产经营条件。

发行上市对于企业的生产经营场所和生产经营条件具有一定的要求，比如股份有限公司进行业务活动需要有固定的场所，这样可以方便公司与他人或其他组织进行商业交易，同时股份有限公司还可以根据业务活动要求设立多个生产和运营场所。工商部门规定公司必须对其注册地址进行登记，一家公司登记地址可以有多个，比如作为行政机关的总部、作为生产场所的工厂等，也可以在多个城市甚至多个国家登记。

2. 企业股份制改造的规划

企业股份制改造有两个必不可少的环节，一是确定发起人，二是聘请中介机构。发起人是企业股份制改造的核心，确立好发起人之后，企业股份制改造的后续流程才能够正常地开展。中介机构是企业申请上市不可缺少的帮手，可以帮助企业更加顺利地完成上市所需材料的准备工作。中介机构的选择，需要根据企业自身的属性和实力来选择，下面主要来说一说发起人需要考虑的问题。

发起人在公司设立阶段，应重点考虑以下两个问题。

（1）总体方案的拟定。

企业发行上市总体方案的拟定可以为将来的上市事宜做好计划，这项工作与企业上市发行成功与否息息相关，因此总体方案必须是综合性的、可被各方认可的，同时还需要具有可操作性，符合企业的实际情况。

股权结构设计是根据公司章程的一般规定，通过现金、实物和无形资产等出资方式来进行出资。根据我国创业公司的现实情况，在进行股权结构设计时，应当注意以下几个问题。

第一，以现金出资比例不能太高，若现金出资比例太高，很有可能会带来投资者对公司的可持续运营能力及稳定性的质疑，同时也会影响到投资者对公司未来发展的信心；第二，要保证无形资产的比重保持在一个合理的水平，一般来讲，企业无形资产（土地使用权除外）在企业出资的比例不宜超过 20%，否则就会影响公司未来的成长；第三，在创业公司改制过程中，如何合理地设计公司的股权结构，尤其是如何合理地设计大股东的持股比例，是需要仔细斟酌的，这关系到企业长期发展的格局，要科学化、合理化地设计。

（2）业务规划方案的拟定。

在企业改制过程中，一定要对主营业务进行重点定位和规划，这是企业发行改制后经营发展计划的一个重要方面。在此过程中，上市公司股份制改革应特别关注以下内容。

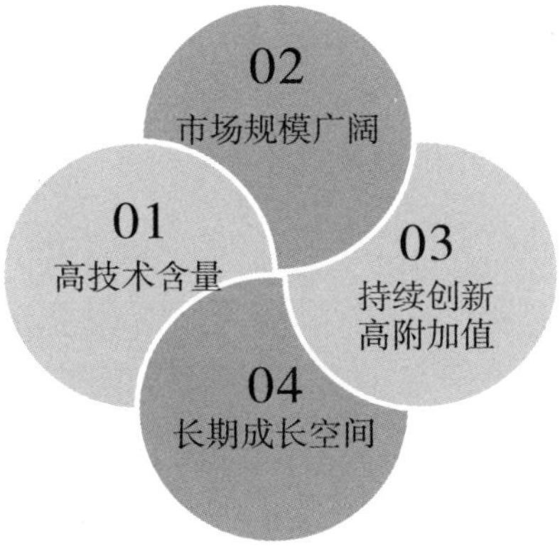

图 4–2　企业股份制改革的业务规划

①企业的主营业务必须具备高技术含量；

②企业的主营业务必须具备一定的市场规模，未来的市场空间广阔；

③企业的主营业务必须具备持续的技术创新能力和产生高附加值的能力；

④企业的主营业务必须要有很好的长期成长空间。

预上市公司应根据自身状况，判断其是否具备突出主业的经营方向，同时是否具备持续营运的能力，亦即在上市申请日前 24 个月内，是否连续从事某一项业务，且该业务是否取得了实质性的进展等。如果能够满足上述条件，将成为赢得发行审核机构认可的关键。

三、北交所发行上市的基本程序

根据《北京证券交易所向不特定合格投资者公开发行股票注册管理办法（试行）》（以下简称《管理办法》）的规定，公开发行股票并在北交所上市，应当符合发行条件、上市条件以及相关信息披露要求，依法经北交所发行上市审核，并报证监会注册。

以下为企业在北交所上市相关申请、审核与注册的主要程序。

（1）发行人董事会应当依法就本次股票发行的具体方案、本次募集资金使用的可行性及其他必须明确的事项作出决议，并提请股东大会批准。

（2）发行人申请公开发行股票，应当按照证监会有关规定制作注册申请文件，依法由保荐人保荐并向北交所申报。北交所收到注册申请文件后，应当在五个工作日内作出是否受理的决定。

（3）北交所设立独立的审核部门，负责审核发行人公开发行并上市的申请；设立上市委员会，负责对审核部门出具的审核报告和发行人的申请文件提出审议意见。

（4）北交所主要通过向发行人提出审核问询、发行人回答问题的方式开展审核工作，判断发行人是否符合发行条件、上市条件和信息披露要求。

（5）北交所按照规定的条件和程序，形成发行人是否符合发行条件和信息披露要求的审核意见。认为发行人符合发行条件和信息披露要求的，将审核意见、发行人注册申请文件及相关审核资料报送证监会注册；认为发行人不符合发行条件或者信息披露要求的，作出终止发行上市的审核决定。

（6）北交所应当自受理注册申请文件之日起两个月内形成审核意见。

（7）证监会收到北交所报送的审核意见、发行人注册申请文件及相关审核资料后，履行发行注册程序。发行注册主要关注北交所发行上市审核内容有无遗漏，审核程序是否符合规定，以及发行人在发行条件和信息披露要求的重大方面是否符合相关规定。证监会认为存在需要进一步说明或者落实事项的，可以要求北交所进一步问询。证监会认为北交所对影响发行条件的重大事项未予关注或者北交所的审核意见依据明显不充分的，可以退回北交所补充审核。

（8）证监会在二十个工作日内对发行人的注册申请作出同意注册或不予注册的决定。

（9）证监会作出予以注册决定后、发行人股票上市交易前，发行人应当及时更新信息披露文件内容，财务报表已过有效期的，发行人应当补充财务会计报告等文件；保荐人以及证券服务机构应当持续履行尽职调查责任；发生重大事项的，发行人、保荐人应当及时向北交所报告。北交所应当对上述事项及时处理，发现发行人存在重大事项影响发行条件、上市条件的，应当出具明确意见并及时向证监会报告。

（10）北交所认为发行人不符合发行条件或者信息披露要求的，作出终止发行上市审核决定，或者证监会作出不予注册决定的，自决定作出之日起六个月后，发行人可以再次提出公开发行股票并上市申请。

四、北交所发行上市的常规时间

企业在北交所上市的速度是非常快的，但是具体到每家企业所需的时间，也会因情况的不同而需要不同的发行时长。

1. 新三板挂牌——7 ~ 9 个月

按照《管理办法》，企业如果要在北交所上市，必须是“在新三板挂牌满一年的创新层企业”。现在，在新三板挂牌的条件比较简单，通俗地来说，企业两年收入 1000 万元就行了。但是需要注意的是，在新三板挂牌还有一个前提条件，必须是一个股份公司。

所以，对有限责任公司而言，首先要做的就是股份制改造，也就是上节内容中介绍过的步骤。在中介的帮助下，完成财务、股权结构的调整，然后再经过审计报告的净资产数据进行折股，将公司的股本结构调整为股份公司，这个过程需要三个月，一个月的财务梳理时间，一个月的审计时间，一个月的股份制改造时间。

从企业申报到最终挂牌，一般需要 4 ~ 6 个月的时间。所以，从有限公司进行股份制改造等前期准备再到正式在新三板挂牌，总计需要 7 ~ 9 个月的时间。企业可以根据自身情况来计算到底需要多久才能完成这一步骤。

2. 挂牌一年，且进入创新层

按照规定，股转系统每年 5 月份的第一周为转层周，由督导机构填报进行上报，符合条件的企业即可自动从基础层转为创新层。由于申请北交所 IPO 的前提是必须要成为创新层企业，因此，5 月这个时点非常重要。

进入创新层的条件有以下几点。

第一，需要完成定向发行且累计金额不小于 1000 万元，合格投资者不少于 50 人。

第二，财务指标满足其一即可。

（1）最近两年净利润均不低于 1000 万元，最近两年加权平均净资产收益率平均不低于 8%，股本总额不少于 2000 万元；

（2）最近两年营业收入平均不低于 6000 万元且持续增长，年均复合增长率不低于 50%，股本总额不少于 2000 万元；

（3）最近有成交的 60 个做市或者集合竞价交易日的平均市值不低于 6 亿元，股本总额不少于 5000 万元；采取做市交易方式的，做市商的数量不少于 6 家。

总结来看，企业想要进入创新层，在财务方面需要满足：“连续两年，每年都要 1000 万元以上的利润”或者“两年营收 1.2 亿元，持续增长，复合增长率 50%。”需要注意的是，复合增长率 50%，指的是第三年的营业收入是第一年的 2.25 倍。对于很多企业来说，尤其是第一年营收基数较大的企业来说，第三年要在此基础上翻一倍还多，实际上是很不容易完成的，预备上市的企业应对此做好准备。

这里有一点需要特别说明：对于从有限公司股改挂牌的企业来说，虽然可以在挂牌的同时申请创新层，但实际上没有必要，因为无论是挂牌的同时成为创新层企业，还是一年后成为创新层企业，都需要经历一年的挂牌时间才能申请北交所 IPO。所以，对于刚挂牌的企业来说，什么时候申请创新层不是那么重要。对于已经在新三板待满一年的挂牌企业来说，每年的 5 月就是非常重要的时间节点了，一定要按时完成营收指标，抓住转入创新层的时机，否则只能等下一年才能申请到北交所发行上市了。

3. 北交所发行上市——4 ～ 6 个月

根据《管理办法》中的规定内容，北交所 IPO 需要的审核时间为两个月，比其他板块的上市审核时间缩短了一个月。北交所上市发行实行的是注册制，也就是说，需要先通过北交所的审核，然后再通过证监会的注册程序。从时间上看，北交所审核需要的时间是两个月，在证监会完成注册的时间需要 20 个工作日。注册批文有效期为一年。根据已在北交所发行上市的企业给出的上市时间，从申报完成到北交所成功上市，总体需要花费的时间大致在 6 个月。

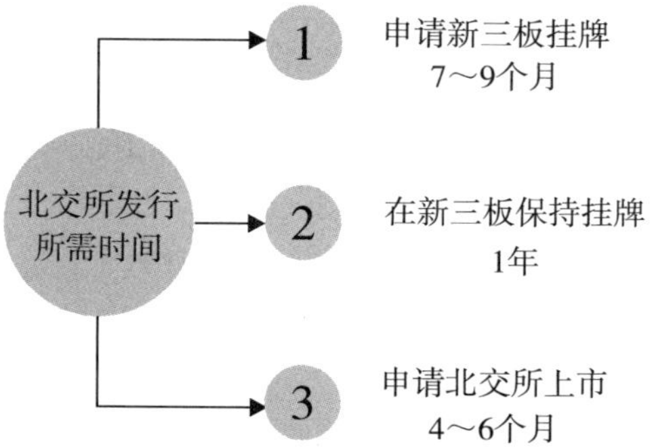

图 4–3　企业在北交所发行上市所需时间

综合来看，一家企业想要申请在北交所发行上市，需要经历从申请挂牌到成为创新层企业，再到成功登陆北交所上市一共三个步骤，总共需要的时间大致为：新三板挂牌 7 ～ 9 个月 + 挂牌保持 1 年 + 北交所上市需要 6 个月 =2 年左右。这是大多数企业在北交所上市过程中需要花费的时间，有北交所上市计划的企业，可以参考这个时间提前进行规划。

五、北交所发行上市费用总览

北交所设立后广受市场关注，很多有潜力的中小企业都产生了在北交所发行上市的想法。在北交所上市究竟需要多少成本，中介收费水平如何等，这些都是在北交所上市计划中必须了解的问题。

根据《管理办法》的规定，北交所 IPO 上市，必须是新三板挂牌满一年的创新层企业。换句话说，如果企业没有在新三板挂牌，那必须先要在新三板挂牌。按照目前新三板挂牌的市场行情，费用在 200 万 ~ 300 万元之间，这个费用包含所有中介机构的费用。具体来说：证券公司费用大约为 150 万元、会计师事务所审计费用大约为 50 万元、律师事务所费用大约为 30 万元、资产评估机构费用大约为 10 万元。

北交所发行上市和新三板上市是两个不同的过程，而且企业挂牌也要分开收费。北交所基本采用了新三板的精选层系统，因此，北交所的挂牌成本可以参考精选层的标准。根据目前北交所上市企业的记录来看，由于行业、企业规模、发展前景、中介品牌、合作关系等因素，中介机构的中介费也有很大的差别。

大部分项目募资的金额为 1 ~ 3 亿元，平均 1.68 亿元，中位数为 1.41 亿元。大部分项目保荐承销费的金额为 800 ~ 2000 万元，平均 1270 万元，中位数为 1000 万元。大部分项目审计验资费的金额为 150 ~ 300 万元，平均 258 万元，中位数为 238 万元。大部分项目律师费的金额为 100 ~ 200 万元，平均 151 万元，中位数为 130 万元。大部分项目总中介费的金额为 1100 ~ 2200 万元，平均 1685 万元，中位数为 1420 万元。绝大部分项目总中介费率约为 8% ~ 15%，综合平均值为 10%，中位数为 10.89%。一般来说，企业募集资金的规模越大，中介费率就越低。新三板精选层变更为北交所以后，上市企业的质量、规模和筹资规模都会得到改善，而中介的风险也会增大，因此，从理论上来说，企业雇佣中介的成本也会相应地上升。

以上资料只作为参考，各公司的具体费用会根据实际情况进行调整。证监会规定，首次公开发行必须聘请多家法定机构，如券商、律师事务所、会计师事务所等，不同阶段所需的费用有所不同。

以深圳贝特瑞公司为例，这家企业的保荐、审计、律所、发行费用合计 7100 多万元。在已上市的公司中，费用低的为 600 ～ 700 万元，平均下来的成本在 2000 万元左右。企业上市所需支付的费用实际并没有这么多，实际上企业 80% 的成本可以从融资中扣除，上市之前不会面临太大的资金压力。

第五章

北交所发行上市审核重点及否决案例

过去曾有多家企业在审核环节出现问题，被迫延误或者终止发行上市的计划。本章将讲解多家企业发行遭否决的案例，由此分析企业在北交所发行上市需要重点关注的审核问题，为有计划在北交所上市的企业提供参考。

一、实控人问题的审核

企业在申请北交所发行上市的过程中，因为各种原因有被否决的可能性，一旦上市申请被否决，那么企业的上市计划就会被搁置，不仅浪费大量的时间，也让企业的前期准备工作付之东流。在企业申请上市的实际操作中，一定要尽量避免因为各种问题被否决上市的情况。北交所上市审核的案例中，申请被驳回的原因多种多样，下面就以田野股份为例，展示北交所上市申请中对于实控人问题的审核。

2022 年 9 月 19 日，正在冲刺北交所上市的田野股份收到了来自北交所的第二轮审核问询函。在问询函中，田野股份的控制权稳定性问题又一次成为关注的重点。此外，公司租赁农用地的合规性问题，主要客户经营风险问题及经营活动现金流大幅下滑等问题，也是北交所关注的重点。

首先来了解一下田野股份这家企业，该企业主要从事的是热带果蔬加工行业，主要产品包括热带果汁原料、速冻热带果蔬等，是奈雪的茶、茶百道、沪上阿姨等连锁茶饮品牌的果汁原料供应商。

2022 年 6 月，田野股份向北交所报送了首次公开发行股票的申请，提交了在北交所上市的申报材料。根据公司披露的信息，对田野股份公司的情况分析如下。

1. 前五大客户营收占比巨大

根据招股说明书，田野股份成立于 2007 年。近年来，公司抓住新茶饮快速发展的市场机遇，面向客户需求开发新产品、新配方，加大投入升级改造设备，为新茶饮客户提供果汁原料产地定制加工服务。大家熟知的奈雪的茶、茶百道和沪上阿姨等连锁茶饮品牌，都是田野股份的重要客户，可以说上述这些新茶饮品牌已经成为田野股份营收的大部分来源。

根据 2021 年的数据统计，田野股份的前五大客户分别为奈雪的茶、茶百道、农夫山泉、一点点和沪上阿姨，这五大客户对营收的贡献比例达到了 68.17%，接近七成。

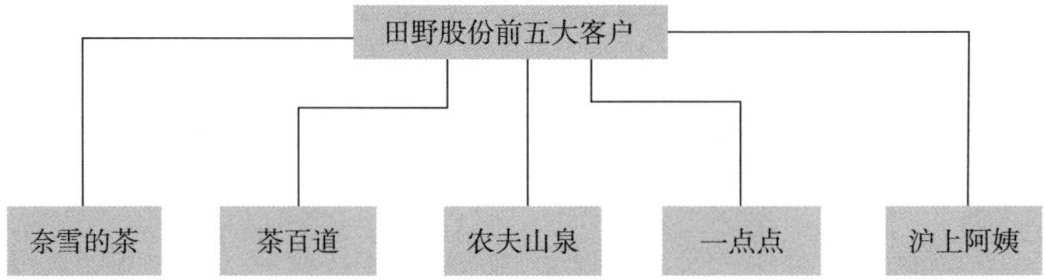

图 5–1　田野股份前五大客户

2022 年上半年，也就是田野股份申请上市前夕，公司营收为 2.12 亿元，同比下降 3.16%；归母净利润为 2405 万元，同比下降 24.17%；经营活动产生的现金流量净额为 539 万元，同比下降高达 94.19%。可以看到，田野股份这半年的业绩表现不佳，这一问题也在上市申请的过程中被北交所审核方注意到了。

北交所在第二轮审核问询函中提到，田野股份的主要客户中，第一大客户奈雪的茶2022年上半年出现收入利润大幅下滑的情况。北交所称："新茶饮行业产品门槛较低，新型网红产品一经推出，会被其他茶饮品牌快速复制，行业产品同质化趋势明显。"其实北交所方面的意思十分明显，田野股份由于客户组成的原因，对于新茶饮品牌的依赖性极大，如果其中一家甚至多家新茶饮品牌的经营出现了问题，对于田野股份的经营就会造成重大影响。而且新茶饮行业整体技术门槛低，行业竞争激烈，产品同质化的程度也很高，这对于田野股份来说是一个比较大的风险因素。

对此，北交所要求田野股份进一步分析说明报告期后新茶饮行业格局及公司主要客户的经营变化情况，是否出现收入利润大幅下滑、批量关店、延长供应商付款周期等情况。北交所还要求田野股份说明，在产品同质化趋势明显的情况下，公司主要客户在行业内是否仍具备竞争力，是否通过调低产品价格等方式维持市场份额，产品价格调整是否会导致客户降低果汁原材料品质等问题。

对于上半年出现的业绩下滑问题，北交所要求田野股份说明经营活动现金流和净利润下降的具体原因，并结合公司厂区资产负债情况、厂区建设投入规划等，说明经营活动现金流大幅下降是否会对公司的持续经营能力产生重大不利影响。

2. 公司控制权稳定性问题两次被问询

在田野股份提供的首次审核问询函回复中，对于公司控制权的稳定性问题曾经做出过回复。田野公司方面提出，第一大股东姚玖志、姚久壮通过一致行动协议，合计控制田野股份17.78%的股份，第二大股东上海欣融食品原料有限公司的持股比例为10.42%。尽管从数据方面来看，公司第一大股东所持有的股份比例并不是很高，而且与第二大股东欣融食品比较接近，但是在公司的现任董事中，有超过一半的董事由实际控制人之一姚玖志提名；报告期内，姚玖志及其一致行动人合计持股比例占出席股东大会股东持股数量的 50% 以上，故将姚玖志和姚久壮认定为公司实际控制人的依据充分。此外，前十大股东中，第二大股东出具了不谋求实际控制权的承诺。田野股份方面认为上述内容可以证明公司控制权的稳定性。

但是，北交所方面对于公司控制权稳定性的问题考察得更加深入和细致，在第二轮审核问询函中，北交所要求田野股份说明在实际控制人仅控制 17.78% 股份的情况下，如何对股东大会的决策实施重大影响，以及是否存在被其他股东联合否决有关议案的情形，实际控制人是否存在无法控制公司经营决策、管理层人员聘任的风险等问题。北交所还要求田野股份进一步结合公司股权结构、日常经营决策及公司治理情况，说明实际控制人认定是否合理，是否通过实际控制人认定规避同业竞争核查要求，要求田野股份方面列出已采取和拟采取的保持控制权稳定的措施，并说明其有效性。

从北交所第二轮的审核问询函中可以看出，北交所审查方对于申请上市企业的实际控制人问题是十分敏感的，包括实际控制人掌握的股份比例，如何对股东大会决策产生影响以及公司治理规范性等方面的问题，并且重视企业大股东实际控制公司运营的能力。企业在申请上市的时候需要在这方面多加注意，确保企业实际控制人的地位和控制权的稳定性，同时还需要确保企业的实际控制人在行为方面符合行业规定。北交所在进行上市核查的过程中，对于企业实际控制权相关问题的审核是十分严格的，企业要避免因为这方面的问题被北交所方面问询，耽误企业的上市时间。

二、业务经营类问题的审核

在企业上市发行过程中，发行人的业绩表现是审核的重点，但是在实际情况中，由于某些不可控的因素，企业很难在整个报告期的时间范围内都保持业绩持续增长。目前，上市审查的过程中并没有要求发行人在报告期内都要保持亮眼的业绩增长，而是允许发行人在报告期内的业绩存在一定范围的波动。那么北交所在发行上市审核的过程中，到底是如何认定企业的经营业绩类问题呢?

根据《全国中小企业股份转让系统精选层挂牌审查问答（一）》《北京证券交易所向不特定合格投资者公开发行股票并上市业务规则适用指引第1号》《首次公开发行股票并上市管理办法》等相关文件的规定，保荐机构应对业绩下滑是否构成对首发企业持续盈利能力的重大不利影响进行重点关注，核查下滑程度、性质、持续性等问题。那么审查方针对申请上市企业的经营业绩下降能够容忍的范围如何，对申请上市企业的业绩下降关注的重点具体有哪些？本节内容将围绕北交所对企业业务经营类问题的审核展开分析，帮助读者了解上市申请过程中容易被关注的业务经营类问题。

1. 经营业绩下滑

企业业绩持续性下滑，是指在报告期（通常三年为一期）的经营业绩逐年下滑的情况，或者是最近一年的经营业绩较前一年出现下滑的情形。这里所说的“经营业绩”，一般以扣除非经常性损益合计数前后孰低的净利润为计算依据。

综合目前的政策和实际情况来看，对于持续业绩下滑的问题，证监会发布的上市审核51条问答中有明确的规定。

（1）属于持续业绩下滑，且最近一期业绩较前期高值下滑 50% 以上的，一般认定存在对持续经营能力构成重大不利影响的情形。下滑幅度超过 50%，或预计下一报告期业绩数据下滑幅度将超过 50% 的，基于谨慎稳妥原则，暂不予安排核准发行事项，待其业绩恢复并趋稳后再行处理或安排重新上发审会。

（2）属于持续业绩下滑，但最近一期业绩较前期高值下滑在 30% ~ 50% 之间的，发行人应按经营业绩下滑专项信息披露要求做好披露工作，保荐机构、申报会计师应就经营业绩下滑是否对持续盈利能力构成重大不利影响发表专项核查意见，并在审核中予以重点关注。

（3）属于持续业绩下滑，但最近一期业绩较前期高值下滑少于 30% 的，发行人应按经营业绩下滑专项信息披露要求做好披露工作。

企业可以对照以上三种经营业绩下滑的情况做好相应的准备，如果是业绩下滑比较严重的，可以考虑暂缓上市计划。

2. 相关法律法规介绍

根据《北京证券交易所向不特定合格投资者公开发行股票并上市业务规则适用指引第 1 号》：发行人在报告期内出现营业收入、净利润等经营业绩指标大幅下滑情形的，保荐机构及申报会计师应当从以下方面充分核查经营业绩下滑的程度、性质、持续时间等。

（1）经营能力或经营环境是否发生变化，如发生变化，应关注具体原因、变化的时间节点、趋势方向及具体影响程度。

（2）发行人正在采取或拟采取的改善措施及预计效果，结合前瞻性信息或经审核的盈利预测情况，判断经营业绩下滑趋势是否已扭转，是否仍存在对经营业绩产生重大不利影响的事项。

（3）发行人所处行业是否具备强周期特征、是否存在严重产能过剩、是否呈现整体持续衰退，发行人收入、利润变动情况与同行业可比公众公司情况是否基本一致。

（4）因不可抗力或偶发性特殊业务事项导致经营业绩下滑的，相关事项对经营业绩的不利影响是否已完全消化或基本消除。

（5）发行人在最近一年，或最近的一期报告期内，经营业绩指标较报告期可比期间最高值下滑幅度超过 50%，如无充分相反证据或其他特殊原因，一般应认定对发行人持续经营能力构成重大不利影响。保荐机构及申报会计师应结合上述情况，就经营业绩下滑是否对发行人持续经营能力构成重大不利影响发表明确意见。

参考上述法律法规内容，可以对企业在北交所发行上市的业绩审核问题的侧重点有一定程度的了解，尤其是因为一些特定因素导致企业在特定的时间、区间出现业绩下滑的问题，可能会成为上市审查过程中被重点关注的对象，这是企业在上市申请中需要关注的要点。

3. 企业上市案例介绍

下面列举青岛积成在北交所上市过程中面对的业务经营类问题的审核，截取了北交所部分问询内容，包括提出疑问的主要问题等，供读者参考。

根据《关于青岛积成电子股份有限公司公开发行股票并在北交所上市申请文件的第三轮审核问询函的回复》的文件内容，北交所在审核方面主要提出了经营业绩下滑与未来持续下滑的风险问题。

北交所方面提出，2021 年青岛积成收入同比增长 5.86%，但归母扣非净利润同比下滑幅度为 29.20%，与同行业的三川智慧公司相比，三川智慧业绩全年处于下滑状态，而最终的扣非净利润下滑幅度为 11.36%。相比之下，青岛积成的收入增长与归母扣非净利润的大幅度下滑是不成正比的。针对上述问题，北交所审查组对于青岛积成提出如下问询要求。

（1）分季度说明 2021 年收入、成本、毛利率、费用、净利润等经营数据的变化情况，并结合各类产品的销售结构、销售收入占比较高的单型号产品的单价、毛利率的变化情况等，说明 2021 年净利润大幅下滑的原因及合理性，并说明是否存在单个产品竞争力下降的问题。

（2）结合报告期内及期后各类细分产品销售情况、报告期后新冠疫情对订单执行的影响等，分析说明业绩大幅下滑的原因及后续影响，说明经营环境及主要指标是否发生重大不利变化、业绩变动趋势与行业是否一致，并充分揭示风险。

（3）补充披露发行人正在采取或拟采取的改善措施及预计效果，结合前瞻性信息，说明经营业绩下滑趋势是否已扭转，并在重大事项提示中披露主要经营状况与财务信息，同时充分揭示业绩变动或下滑的风险及其对持续经营能力的影响。

针对上述问题，青岛积成方面的回复如下。

2021 年净利润大幅下降的原因主要是水表毛利率下降、燃气表收入下降和销售费用率上升这三个方面，具体给出了如下三点分析。

第一点，企业的水表毛利率下降这一变动趋势是符合行业整体变动趋势的，同行业同类型的企业在当前的水表毛利率都是有所下降的，而且青岛积成的毛利率下降幅度在同行业企业中基本属于平均的下降幅度，因此企业水表毛利率下降这一现象在当年是合理的。

第二点，在青岛积成的燃气表业务方面，主要客户为北京顺义及其附属企业、济南港华及其附属企业等，客户群体较为稳定。在报告期的三个期间内，上述提到的主要客户的收入占据了企业燃气表收入的“半壁江山”。因为主要客户的销售情况会对燃气表收入产生比较重要的影响，而2021年度北京顺义的需求下降给企业的燃气表收入带来了较大的影响，所以公司净利润出现了较大幅度的下滑。

第三点，青岛积成的净利润下降也与企业的销售费用率上升有很大的关系，而销售费用率出现的变动也是符合同行业企业整体的变动趋势的，销售费用率在近年来一直有上升的情况。同时，青岛积成的销售费用率上升的幅度也基本与同行业的上升趋势一致，具有合理性。

在青岛积成企业的报告期内，仪表类产品带来的收入是企业总体营业收入的最大组成部分，占比稳定在85%左右，同时仪表类产品也是青岛积成企业毛利的主要来源，因此对于青岛积成来说，仪表类产品的销售业绩对于企业整体收入和净利润具有决定性的作用。综合上述，由于企业在报告期内出现了水表毛利率下降、燃气表收入下降和销售费用率上升等情况，在多重因素的共同作用下，企业的净利润出现大幅度的下降具有合理性。

4. 审核问询总结

针对北交所上市发行过程中申请上市企业遇到经营业绩下滑的问题，如果收到北交所方面提出的问询，企业可以从以下几个方面应对核查要求和解释说明。

首先，发行人应充分说明公司业绩下滑程度与行业变化趋势的关系，是否因为行业发展变化的趋势导致公司业绩出现下滑的问题。比如，发行人属于强周期行业，业绩下滑受到行业周期波动的影响比较大，那么发行人就需要结合自身所处行业在过去若干年内出现的波动情况，来论证自身所处行业是否具备强周期特征。

与此同时，保荐机构应对发行人属于强周期行业的依据是否充分发表专项核查意见，确认发行人企业是否因为周期性影响出现业绩下滑的问题。保荐机构还需要比较发行人企业的收入、利润变动情况与行业可比上市公司的情况是否具有一致性，以此来证明发行人企业与行业整体业绩波动的情况相符，并对业绩波动范围、业绩波动的主观和客观原因以及业绩下滑趋势在短期内停止甚至逆转的可能性进行专业说明。此外，发行人企业还需要在重大事项提示中披露主要经营状况与财务信息，以及下一报告期的业绩预告情况，充分揭示业绩变动或下滑的风险及其对持续盈利能力的影响。

中介机构方面，需要对发行人的经营数据和销售数据进行核查，并就经营业绩下滑是否对发行人的持续盈利能力构成重大不利影响发表专项核查意见。中介机构还需要分析发行人的业绩出现大幅下降的原因以及合理性，核查发行人的经营与财务状况是否正常，最后对是否存在影响企业发行条件的重大不利影响因素出具明确的结论性意见。

综上所述，企业如果在报告期内出现业绩异常下滑的情况，并不一定无法在北交所发行上市，可以按上述思路说明企业的经营情况，确认企业未来经营的业绩发展趋势，争取通过北交所的上市发行审查。

三、关联交易问题的审核

关联交易指公司控股股东、实际控制人、董事、监事、高级管理人员与其直接或者间接控制的关联方之间，以及可能导致公司利益转移的其他关联方之间进行的交易。关联交易这一问题之所以在北交所的发行上市过程中备受关注，是因为这一问题关系到发行人的独立性和持续经营能力，因此在北交所审查的过程中，会把发行人的关联交易问题作为是否能够发行上市的一项关键的审查内容。

1. 关联交易整体概览

（1）关联交易的审查重点。

按照《北京证券交易所向不特定合格投资者公开发行股票并上市业务规则适用指引第 1 号》（以下简称《北交所适用指引 1 号》）中的规定，核查关联交易的过程中，需要重点关注的内容主要集中在以下六个方面。

① 发行人的关联方认定。

② 关联交易信息披露的完整性。

③ 关联交易的必要性、合理性和公允性。

④ 关联交易是否影响发行人的独立性。

⑤ 是否可能对发行人产生重大不利影响。

⑥ 是否已履行关联交易决策程序等。

发行人可以对照上述内容对公司情况进行自查，检查申报材料在上述方面是否有不完善的地方。

（2）关联交易的披露要求。

按照上文中提到的《北交所规则适用指引 1 号》文件要求，保荐机构、申报会计师及发行人律师在披露关联交易时，需要对下述四项内容的情况进行完整披露，并发表意见。

① 关联方的财务状况和经营情况。

② 发行人报告期内关联方注销及非关联化的情况，非关联化后发行人与上述原关联方的后续交易情况。

③ 关联交易产生的收入、利润总额合理性，关联交易是否影响发行人的经营独立性，是否构成对控股股东或实际控制人的依赖，是否存在通过关联交易调节发行人收入利润或成本费用，对发行人进行利益输送的情形。

④ 发行人披露的未来减少关联交易的具体措施是否切实可行。

上述内容是企业在申请上市时需要完整披露的内容，可以反映出企业在关联交易方面是否存在问题，这也是北交所审查的重点，需要引起申请上市企业的重视。

2. 关联交易要点总结

（1）核查方式。

在核查发行人与客户、供应商之间是否有关联关系时，保荐代表人、申报会计师、发行人律师应当通过现场调查，核对工商、税务、银行等部门提供的资料，详细分析客户和供应商的实际控制人、关键经办人以及发行人之间是否存在关联关系，这是发行上市过程中对于企业关联交易的基本核查方式。

（2）合理的关联交易如何甄别。

企业在经营过程中出现关联交易是十分正常的，在上市申请审核的过程中，审核方会对企业的关联交易进行分析，甄别出企业经营过程中合理且必要的关联交易，从而筛查出关联交易中藏有问题和隐患的部分。那么合理的关联交易是如何甄别出来的呢？

首先，审查方会对关联交易的基本情况进行核实并列出，其中的内容包括但不限于交易主体、交易内容、交易类别、涉及金额、发生时间、发生原因、履行内部决策和履行信息披露义务等。这样，企业关联交易的基本情况就基本明晰了，更容易梳理。这里尤其需要说明的是：如果涉及拆借资金的，需要说明在报告期内的资金拆借，拆借的金额、背景、原因及合理性，资金的实际用途，是否存在资金被大股东实际使用的情况，相关资金使用是否涉及外部循环、代垫费用或其他利益输送等情况，另外还需要说明相关利息的计提比例、依据是否公允等。同时，结合报告期内公司的现金流量，分析其对关联方的依赖程度，以及对关联方的拆借款项是否构成了资金侵占问题。这是审查方在进行关联交易审查过程中重点关注的问题。计划上市的企业可以事先进行自查，防止因关联交易的问题被审查方驳回上市申请。

（3）关联交易与内控制度。

审查方在针对预上市企业的关联交易问题进行审查的过程中，会比较注意其内控制度的问题，关注企业是否具有健全有效的内控制度。

所谓企业内控制度的审查内容具体如下。

审查方会根据企业关联交易的背景、关联交易与发行人主营业务的关系，要求企业明确说明各种关联交易是否会继续进行，关联交易是否已经履行了相关决策程序，关联交易的内部控制制度是否健全、有效。

根据公司章程、公司治理体系、三会会议记录等内容，结合以上事项，核查公司是否具有完善的组织机构，机构设置中是否体现了分工明确、相互制约的治理原则。在企业内控制度的审查中，审查方会关注三会能否正常运转，三会与管理层的责任和制衡机制是否有效，企业内部的决策流程和议事规则等，从多个方面来综合评判企业的内部监督与反馈制度是否健全和有效。

结合以上提到的重点，审查方可以判断企业是否已建立良好的治理结构和完善的企业制度，并甄别出企业能否为中小投资者的合法权益提供足够的制度保障，同时确保相关的制度安排能充分保障中小投资者的知情权和决策参与权。

（4）关联交易是否履行内部决策程序及信息披露义务。

在申请上市的过程中，企业需要对关联交易进行决策过程的核查和说明。如果没有按照公司的内部审核程序进行全部或部分关联交易的审议，则需要解释为什么没有进行内部审查，并说明相应的内部控制制度是否健全和有效，这是企业上市申请过程中有义务进行信息披露的部分。

这里用一些关联交易的例子来帮助理解。

公司甲是一家专门从事光电及半导体生产的企业，甲公司的实际控制人同时也是乙公司的第二大股东。甲公司在报告期内从乙公司获得的收益比例在 70% ~ 80% 左右，这一比例是明显偏高的，需要对这两家公司关联交易的情况进行进一步的核查。针对这一案例的情况，根据《北交所规则适用指引 1 号》第 1 ~ 6、1 ~ 13 条的有关规定，需要发行人说明企业的重大关联交易不会对发行人的独立性产生重大影响。保荐机构、申报会计师和发行人律师应当对本次交易的必要性、合理性、公允性，以及是否会对发行人的独立性造成重大的负面影响等问题进行全面的核查和说明。

经中介公司核实，将甲公司的实际情况阐释如下。

① 合理的商业比例。

在单晶硅产业链中，发行人是上游设备供应商，而乙公司则是下游单晶硅棒、硅片、单晶电池片、组件制造商和光伏电站的供应商。近几年，单晶硅产能快速增长，乙公司和另外一家公司在下游单晶硅产业中占据了双寡头地位，因此乙公司等国内领先的单晶硅生产企业与其设备供应商建立了长期稳定的合作关系。单晶硅设备企业的客户集中度高具有行业普遍性。

② 价格合理，程序合法。

发行人对乙公司及其附属公司的销售定价策略与对其他顾客的定价策略基本相同，且与其他顾客的销售价格相差不大。乙公司对发行人的采购价格与第三方的产品类型一致，价格上没有明显的差别。发行人与乙公司之间的关联
交易按照公司章程及其他有关规定进行了必要的决策。

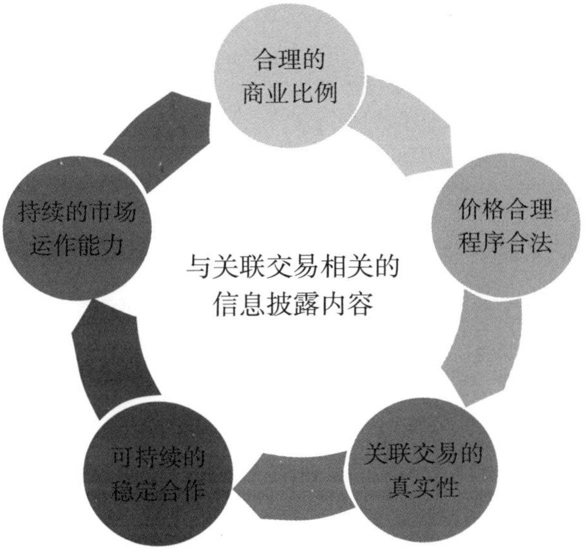

图 5–2　与关联交易相关的信息披露内容

③ 关联交易的真实性。

中介公司对甲公司的每笔交易合同进行了审查，核对了甲公司的采购、生产、销售、物流运输记录、发货验收单据、对应资金流转等，对报告期内该公司与乙公司的关联交易进行了核查，认为关联交易真实，不存在通过关联交易虚增业绩的问题。

④ 可持续的稳定合作。

2009 年，发行人与乙公司正式开展了业务合作，随着合作深度和广度的提升，双方合作的稳定性越来越强，可以认为双方的关联交易是可持续的稳定合作关系。

⑤持续的市场运作能力。

发行人和乙公司之间没有资产混同、人员混用、采购渠道相同，以及商标、专利、技术混用等情况。公司与国内外多家著名的光电公司长期保持着良好的合作关系，不会因为产品供应而受到限制，同时也有能力为其他领域的主要客户提供服务。

上述就是对于甲公司关联交易实际情况的具体审核结果，通过审核可以排除甲公司与乙公司之间通过关联交易作假的可能性。结合上述案例可以大致看出，企业的关联交易需要对审查方进行全面的信息披露，证实企业的交易在程序上合法合规，在价格上具有充分的合理性，同时与其他企业的合作可以保持稳定，企业具有维持稳定的市场运作能力，这样才是符合北交所上市要求的合理的关联交易关系。

四、财务类问题的审核

北交所上市发行审查中，对财务核算的审核强度远高于新三板挂牌企业，很多已经在新三板挂牌的企业准备申报北交所发行上市时，都会面临财务审核的问题。如果在上市过程中因为财务类问题受到审查组的质询，无疑会拖慢企业的上市进程，本节内容就来为读者讲解一下北交所发行上市审核过程中对于财务类问题审核的细节。

首先了解一下文件中对于财务类问题的有关规定。按照《北交所规则适用指引第 1 号》中的 1 ~ 10 条规定，上市企业财务情况需要基本符合下述要求：企业的会计政策和会计变更事项应符合专业审慎原则，与同行业公众公司不存在重大差异，不存在对发行人会计基础工作规范及内控有效性产生重大影响的情形。发行企业如果因会计基础薄弱、内控不完善、未及时进行审计调整等问题导致出现重大会计核算疏漏、滥用会计政策或者恶意隐瞒等情况的，将依据相关制度采取自律监管措施或纪律处分，进行严肃处理；涉及财务会计文件虚假记载的，将依法移送中国证监会查处。

根据北交所发行上市审核的实际情况，如果企业涉及各类财务类重大问题，不管是哪个方面，都不可避免地会给企业的发行上市带来一定负面影响。这里建议有上市计划的企业，从开始挂牌时即按照北交所发行上市的要求进行规范，因为新三板挂牌并不是企业的终极目标，及早规范可以给后续的上市发行省去许多不必要的麻烦。

案例：天润科技——会计政策变更。

天润科技在报告期内存在会计政策变更的情况，根据公开发行说明书的内容，在 2018 年至 2020 年期间，天润科技的第四季度收入占比分别为 38.67%、50.22%、61.53%。在 2020 年企业进行过会计差错更正，具体是更正 2018 年、2019 年的收入确认政策，对遥感与测绘地理信息数据服务、空间信息系统开发应用与集成业务由完工百分比法改成终验法，即在服务成果交付客户后经客户或者第三方验收，取得验收单据后，按合同约定金额确认收入。

会计差错更正对天润科技 2018 年净利润的影响比例为 –24.42%，净资产的影响比例为 –43.27%；对 2019 年净利润的影响比例为 –2.96%，净资产影响比例为 –40.10%。从数据方面可以直观地看到，收入确认政策的变更导致该企业在 2018 年、2019 年业绩均大幅降低，属于财务异常问题。

这一问题在该企业申请北交所上市的过程中受到了问询，北交所方面要求天润科技说明将收入确认政策由完工百分比变更为验收确认的原因，并说明是否存在通过改变收入确认政策来调节报告期内业绩的情形。另外，天润科技也被要求说明如按照过去使用的完工百分比法确认收入，企业在 2020 年的主营业务收入、净利润及净资产等关键财务指标的测算结果，并对收入核算方法变动的合理性做出说明。

下面来看一下针对北交所的问询，天润科技做出的回复。

首先是 2020 年以前公司采用完工百分比法确认收入的合理性说明。对于遥感与测绘地理信息数据服务，公司按照合同项目单独进行核算，合同签订后由公司生产经营部按照合同内容的要求、规定，分解合同总工作量对应的工序，根据分解后总工作量对应的工序向生产部门下达生产任务，期末由技术质量部门对生产部门各工序实际完成工作量进行统计，依据工序统计结果计算实际完成工序占总工作量的比重，以确定完工进度。

对于空间信息系统开发应用与集成业务，由软件开发部门根据软件开发需求进行初步设计，根据合同内容划分为若干功能模块，并根据每个模块所需的设计、开发、测试、集成对应的工作量估算项目总工作量，期末依据当期实际完成的功能模块所对应的工作量与总工作量之比，确定完工进度。因此，2020 年以前，公司项目的完工进度可以可靠地进行估计，满足采用完工百分比法确认收入的条件，具备相应的会计核算基础且相关内控健全。

2020 年以后该公司的收入核算方法发生了改变，公司将收入确认方法改用终验法核算，天润科技认为新的核算方式可以简化项目实施过程中完工进度的会计核算，增加会计核算的可靠性。相较于以前使用的完工百分比法，终验法有效避免了完工百分比法中预计总成本及测量完工进度带来的误差，收入确认的计算方式更加严谨，成本配比也更准确。

同时，天润科技结合实际业务情况，基于相关性、可比性、谨慎性原则，按照《企业会计准则第28号——会计政策、会计估计变更和差错更正》《公开发行证券的公司信息披露编报规则第19号——财务信息的更正及相关披露（2018年修订）》等相关规定的要求，对2018年度、2019年度收入确认政策相关的会计处理事项，按照前期会计差错进行了更正及追溯调整。

天润科技表示，针对上述会计差错变更事项，公司已经履行了相关审批程序，相关议案经公司第三届董事会第十六次会议、第三届监事会第九次会议和2021年度第二次临时股东大会审批通过。并由希格玛会计师事务所就相关差错更正事项，出具了《关于陕西天润科技股份有限公司前期会计差错更正事项的专项审核报告》。针对收入确认原则，公司按照合同约定及公司内控要求，均以客户出具的完工验收单作为报告期内（2018年—2021年6月）收入确认的依据。因此，报告期内，公司会计基础工作规范，相关内部控制健全有效。

天润科技指出，公司的收入确认政策与同行业公司不存在显著差异，譬如同行业企业中的测绘股份、光谷信息、邦鑫股份、经纬测绘和创业测绘均采用终验法来确认收入，收入确认的依据为客户出具的完工验收材料，与天润科技的收入确认原则及依据一致。其他同行业公司较多根据单项业务周期及规模情况，以及是否能够取得可靠的外部证据、提供劳务的风险和报酬是否已转移等情形，分别采取终验法及完工百分比法确认收入。

综上，天润科技认为，同行业公司通常根据自身业务情况及业务特点采取差异化的收入确认政策，与自身采取的收入确认政策是相同或类似的，可以证明公司的收入确认政策符合自身经营业务特点，具有合理性。

五、法律规范类问题的审核

目前，北交所对于法律规范类问题的审核案例不多，但是各交易所的审核原则、理念是一致的。下面参照科创板、创业板针对这些问题的审核逻辑，从中找出北交所对于法律规范类问题审核的要点。

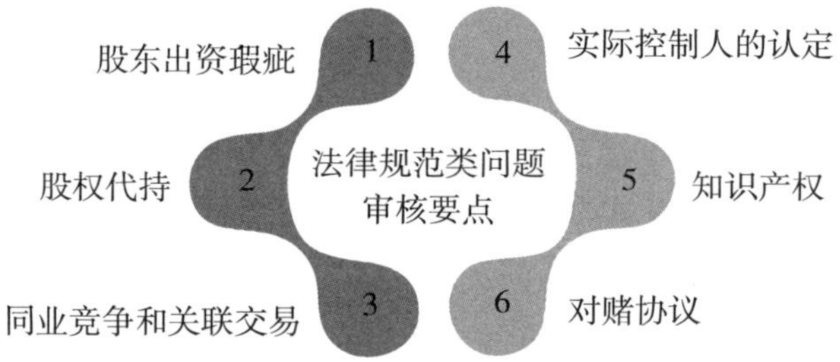

图 5–3　法律规范类问题审核要点

1. 股东出资瑕疵问题

在大量企业上市的项目中，有一个普遍的问题就是股东出资方式。有的企业家在创业初期为了做大注册资本，采取各种不同的出资方式，把知识产权、专利、公司设备等都算成注册资本，导致上市时容易出现出资资产权属不合法等问题。股东出资存在不规范的情形，往往容易被审查方问询。

交易所审核关注的问题主要在于：历史上出资的瑕疵有没有彻底解决；发行人、相关股东是否因出资瑕疵受到过行政处罚，是否构成重大违法行为或是否对企业的上市发行形成法律障碍，股东出资是否存在纠纷或潜在纠纷等问题。

股东出资瑕疵问题，在实际解决的过程中，一般采取如下处理方式：如果是非货币出资，就用现金完成出资的置换，同时要争得其他股东的一致同意，且取得当地工商局的合规证明，证明股东出资方面没有构成重大行政处罚和重大违法行为。

2. 股权代持问题

这个问题在实际经营过程中也比较常见，都是在公司发展过程中由于各种历史问题形成了股权代持。有的时候公司在后续准备上市的过程中，净资产和估值相对比较高，如果采取股权转让方式会面临很大的税务成本，所以可能会采取股权代持的形式，这也是证交所关注的重点。

企业股权代持问题被问询的原因，很多是由于股权代持过程中除了一纸协议，其他的证明文件缺失不全，这样会导致一个问题，就是无法证明是真实的股权代持行为，而不是股权转让。

股权代持问题要引起预上市企业的重视，一定要在申报之前彻底解决。如果这个问题隐瞒不报，有可能被其他方举报或者发生诉讼问题，届时将会对上市造成重大的影响，影响企业的上市计划。

3. 同业竞争和关联交易问题

同业竞争这个问题也是在上市申请中比较常见的问询问题，企业在回应的过程中，只需讲明白企业同业竞争方面的合理性即可。北交所上市审查中比较关注的点，在于同业竞争问题会不会对发行人构成重大不利影响。如果不会对企业经营带来重大不利影响，就不会影响企业的上市发行进程。

在关联交易问题方面，科创板和创业板给出的比例是30%，实际上这一数值在各大证交所发行上市中都是一道红线，也就是说关联交易占比不能超过 30%，否则在上市申请的过程中，交易所审查时会认为发行人对关联方构成重大依赖，缺乏独立性。因为这种情况被驳回上市申请的案例也比较常见，因此，企业在申请上市的时候，需要对自身关联交易占比予以关注。

4. 实际控制人的认定问题

发行人企业实际控制人问题是证交所在上市申请中经常问询的问题，例如创业板上市的条件是两年内实际控制人不能发生变更。如果发生变更就触碰了红线，不能顺利发行上市。在此提醒读者，对企业实际控制人的细节要把控好，防止出现实际控制人股比稀释等问题。具体来说，可以从下面几个维度来对实际控制人问题进行自查。

第一，保证实际控制人对股东会的控制能力。可以为了增强实际的控制能力，绑定其他小股东与实际控制人签订一致行动协议，同时要求其他股东承诺没有与其他股东签订一致行动协议，这样就可以确保其对股东会的实际控制能力。第二，保证实际控制人对董事会的控制能力，比如由实际控制人负责推选的董事占半数且通过股东大会选举，这样可以保证其对董事会的有效控制。第三，保证实际控制人对经营层的控制能力，比如总经理、副总经理、财务总经理等经营层的关键人员，都由企业的实际控制人来决定。以上都是确保企业实际控制人控制能力的基本方式，可为企业避免在发行上市申请中因实际控制人问题受到问询。

5. 知识产权问题

知识产权是交易所上市审查中重点关注的问题，特别是想要在北交所上市的专精特新企业和硬科技企业，这一点要特别关注。这里建议寻找知识产权律师来帮助企业处理专业事务，由律师团队与对标企业、竞争对手等在专利、著作权等知识产权方面，进行全面尽职的调查和通盘对比，确保企业在知识产权方面没有纠纷或者纠纷的隐患。

在审核过程中，审查委员会特别关注发行人的核心专利技术是否构成侵权问题，是否存在重大权属纠纷问题，以及知识产权问题会不会导致发行人的持续经营遭到重创等问题。这些问题都是需要企业在申请上市之前提前梳理并做好准备的。

6. 对赌协议问题

在企业上市发行审查中，允许发行人与投资方在上市时不解除对赌协议，但是在对赌失败的补偿方式中，使用现金补偿或者股份补偿的方式时，不得与市值直接挂钩。如果企业在发行审核过程中因为触碰了对赌协议方面的问题被否决了，就说明没有说服审核方信服，或者对赌协议存在对企业市值形成重大影响的隐患，这样的情况将会成为企业上市的阻碍因素。

六、转板类问题的审核

中国证监会 2022 年 1 月发布了《中国证监会关于北京证券交易所上市公司转板的指导意见》(以下简称《转板意见》),《转板意见》是对《中国证监会关于全国中小企业股份转让系统挂牌公司转板上市的指导意见》的进一步修订。《转板意见》确定了企业在北交所申请转板的其他证券交易所及板块、转板不涉及股票公开发行、无须证监会核准或注册，以及限售期可连续计算等方面的核心原则。结合《转板意见》，本节内容将总结在转板过程中企业为了顺利通过审核需要特别注意的一些要点。

1. 北交所上市公司转板基本制度及流程

（1）转板范围。

根据《转板意见》中的规定，试点期间，符合条件的北交所上市公司都可以申请转板至上交所的科创板以及深交所的创业板。

《转板意见》中提出，北交所上市企业的转板范围仅限于上交所科创板和深交所创业板。当下，我国资本市场已基本形成了上交所主板、科创板、深交所主板、创业板、北交所以及新三板等多个主要的场内和场外市场所构成的多层次资本市场格局。不同市场板块的定位差异是比较明显的，多层次的市场格局可满足各个行业和各发展阶段的市场主体的投融资需求。《转板意见》当下只限定北交所企业可以转板到上交所的科创板和深交所创业板，这是因为北交所的上市公司可以结合自身的行业属性、定价机制需求来进行转板，可操作性更强，同时上交所的科创板和深交所的创业板也都实施了注册制，在制度方面可以和转板审核实现更加方便的衔接。

（2）转板条件。

《转板意见》中指出，北交所上市公司申请转板需要符合的条件如下：已在北交所连续上市满一年，如果公司之前曾在新三板精选层挂牌，可以将精选层挂牌时间与在北交所上市时间加在一起。同时公司还应该符合转入板块的上市条件，具体遵照上交所和深交所方面提出的监管要求。

对比北交所、科创板和创业板的不同上市条件，可以发现，主要不同点在企业市值和财务指标的要求方面，企业需要确认自身满足转板的要求，尤其是科创板和创业板的特殊要求，才能顺利完成转板。此外，《转板意见》中明确指出，企业的转板条件可以由上交所和深交所制定特殊要求，这里可以看出，上交所和深交所在审核的口径和尺度等方面具有一定的独立性。对于转板企业来说，这是一种不确定性因素，企业需要注意目标板块最新的配套审核业务规则，防止因为近期调整规则而对企业的上市计划造成影响。

（3）转板程序。

《转板意见》中指出，转板是上市地的变更程序，不涉及上市，因此不需要证监会的批准和登记，只需要由上交所和深交所根据上市规则对其进行审查和决策即可。转板的流程主要有：完成公司内部决策后，提交转板申请，上交所和深交所审核并做出是否同意上市的决议；最后企业停止在北交所的交易，开始在上交所或者深交所进行交易。

《转板意见》规定，在不需要证监会批准或登记的情况下，由上交所和深交所审核转板。另外，《转板意见》只给出了转板的流程，并没有明确规定转板所需的文件和时限。因此，企业在执行转板计划的时候，需要根据上交所和深交所的相关规定，对转板流程进行详细的研究。就现有情况来看，目前已成功转板到上交所科创板的观典防务等企业，根据上交所官网显示，观典防务的转板申请从受理到获准上市，总共花费了不到 5 个月的时间，转板效率较高，而泰祥股份和翰博高新的转板流程则相对漫长，总共花费了 8 个月和约 1 年的时间。总体上与交易所对其他企业上市申请的审核时间是基本一致的。

因为《转板意见》延续了原转板意见中的转板审核框架，所以北交所上市公司在转板申请文件和内容格式等方面的细节，也可以参照上交所和深交所发布的新三板精选层挂牌公司转板上市文件，其内容有很多相通之处。具体而言，转板公司和中介机构可根据《上海证券交易所科创板发行上市审核规则适用指引第 3 号——转板上市申请文件》《深圳证券交易所创业板发行上市审核业务指引第 4 号——全国中小企业股份转让系统挂牌公司向创业板转板上市申请文件》《上海证券交易所科创板发行上市审核规则适用指引第 4 号——转板上市报告书内容与格式》《深圳证券交易所创业板发行上市审核业务指引第 3 号——全国中小企业股份转让系统挂牌公司向创业板转板上市报告书内容与格式》《上海证券交易所科创板发行上市审核规则适用指引第 5 号——转板上市保荐书》等文件规定，准备相关的申请资料。

（4）股份限售安排。

《转板意见》中规定，北交所上市公司转板的，股份限售应当遵守法律、法规及上交所、深交所业务规则的规定。在计算北交所上市公司转板后的股份限售期时，原则上可以扣除在全国股转系统原精选层和北交所已经限售的时间。

结合《转板意见》中的规定，在计算北交所转板后股票的限售期时，可以把时间追溯到企业在新三板精选层挂牌的时间。对于直接在北交所上市的公司来说，时间就要追溯到在北交所上市的时间。《转板意见》中还指出，针对转板公司的控股股东、实际控制人等持有股份的限售期，上交所和深交所有权对其做出进一步的规定和限制。这里可以看出，这部分股票的限售期在转板之后可能会出现一些特殊的情形，比如要求延长限售期等。

2. 北交所上市企业转板申请的合规性要点

在企业转板操作实务中，由于北交所上市的相关规则和科创板、创业板的规则有所不同，再加上很多北交所上市企业曾是新三板的挂牌公司，因此还需要结合新三板的情况一并考虑。北交所上市企业在转板过程中需要注意以下几个方面的合规性要点。

图 5–4　北交所上市企业申请转板需要注意的三个要点

（1）三类股东的问题。

“三类股东”指的是契约型私募基金、资产管理计划和信托计划，其中，资产管理计划一般指基金子公司和券商资管计划。在企业上市审核中，所谓的“三类股东”企业就是指在企业的直接投资人或者间接投资人中含有“三类股东”的企业。

① 契约型私募基金。

契约型私募基金也就是俗称的信托型基金，属于代理投资的一种。在这种基金类型中，资金管理人、基金托管人和基金持有人之间通过签订信托契约的方式来确定权利和义务，通过发行收益凭证来募集基金，基金管理人负责管理信托资产，基金托管人负责保管基金资产，属于一种典型的代持模式。

② 资产管理计划。

资产管理计划即把客户的资产委托给专业的投资者，如证券公司或基金管理公司等进行管理的方式。在资产管理计划中，会委托资产托管人托管资产，并交由专业资产管理人来进行管理，进行投资理财等行为。

③ 信托计划。

在信托计划中，由信托公司充当受托人，按照委托人的要求，将其财产权进行集中管理、运用或者处分的行为，也就是按委托人的要求代其进行理财，维护其利益。

根据“三类股东”的基本概念，这三类的共同点在于其设立和运行都是建立在委托关系的基础上的，不具有独立法人的资格。“三类股东”的主要问题在于在企业上市发行审核中，不符合股权清晰稳定的要求，所以“三类股东”的问题往往会成为被重点关注的对象。

北交所上市企业的股票在公开市场中已经进行过交易，所以这些股东中很可能会有“三类股东”的问题。在科创板和创业板的上市审核问答中，对于“三类股东”问题的论述如下。

“发行人在全国股份转让系统挂牌期间形成‘三类股东’持有发行人股份的，中介机构和发行人应从以下方面核查披露相关信息。

① 核查确认公司控股股东、实际控制人、第一大股东不属于‘三类股东’。

② 中介机构应核查确认发行人的‘三类股东’依法设立并有效存续，已纳入国家金融监管部门有效监管，并已按照规定履行审批、备案或报告程序，其管理人也已依法注册登记。

③ 发行人应根据《关于规范金融机构资产管理业务的指导意见》（银发〔2018〕106 号）披露‘三类股东’相关过渡期安排，以及相关事项对发行人持续经营的影响。中介机构应当对前述事项核查并发表明确意见。

④ 发行人应当按照要求对‘三类股东’进行信息披露。保荐机构及律师应对控股股东、实际控制人、董事、监事、高级管理人员及其近亲属，本次发行的中介机构及其签字人员是否直接或间接在‘三类股东’中持有权益进行核查并发表明确意见。

⑤ 中介机构应核查确认‘三类股东’已作出合理安排，可确保符合现行锁定期和减持规则要求。”

以北交所转板第一股观典防务作为案例，看看其在“三类股东”问题披露方面的做法。观典防务在《转板上市报告书（上会稿）》中披露了其全部的“三类股东”以及持股数量和比例，该公司的“三类股东”都是企业在新三板挂牌期间加入的新股东。观典防务报告书中根据科创板上市的审核问答要求，对“三类股东”问题进行了逐项说明，包括过渡期安排情况、持股情况，并按照业务指导意见的要求提交了《调查问卷》《基金合同》等资料，并承诺不存在多层嵌套、份额分级等不符合业务指导意见规定的情形，而未提交《调查问卷》《基金合同》的“三类股东”均为进入清算期或已承诺清算并拟在适当时机减持公司股票的股东。

（2）优先股的处理。

根据《北交所适用指引第 1 号》中的有关规定，如果北交所企业申报转板时，还存在新三板挂牌期间发行的优先股的，发行人应当在董事会、股东大会审议，通过公开发行股票并上市议案时，同步审议通过已发行优先股在北交所挂牌转让的议案。

发行人应在招股说明书中充分披露以下事项：报告期初至申报前优先股的发行、付息与调息、赎回与回售等情况，优先股股东表决权的恢复、行使、变动及优先股股东分类表决情况等前述事项对发行人控制权稳定性、财务状况可能存在的不利影响。

根据科创板和创业板的相关要求，北交所企业在申报转板前必须清理对赌协议，还需要对过去曾有的对赌协议的具体内容详尽披露，供中介机构进行核查。根据现有的北交所转板成功的案例来看，允许保留优先股的情况仅限于企业在新三板挂牌期间所发行的优先股，建议有优先股的预转板北交所上市企业事先就有关问题与交易所充分沟通，提前做好相关的材料准备。

（3）信息披露要求。

对于北交所上市企业来说，从新三板挂牌开始就已经成为公众企业，如果想要申请转板，那么报告期也需要覆盖从新三板挂牌开始的时间段，所以企业需要注意在申请转板时信息披露一致性的问题。信息披露的合规性也是企业申请转板到科创板或创业板中经常出现一个的问题。

根据北交所信息披露的有关规定，在信息披露方面的标准基本与创业板和科创板是一致的。此外，由于北交所的上市企业基本为中小规模的企业，所以在信息披露方面的规定更详细。举例来说，北交所对股票异常波动、传闻澄清、股份质押、司法冻结、诉讼仲裁等事项都有细化的披露要求，并要求企业明确员工持股计划以及员工股权激励等企业管理事项的具体内容披露，披露标准也更加严格。

综上，在北交所上市的企业如果有转板打算，需要重视企业的信息披露工作，做到经营合规、管理合规，以避免在申请转板时在合规性问题方面遭遇阻碍。北交所上市公司转板制度的出台只是一个开始，未来北交所一定会继续深化改革工作，如果上市公司可以做好合规性管理，并做好信息披露工作，在各个板块的发展都将拥有更多的可能性。

第六章

重中之重的企业股权架构设计

企业股权需要良好的设计和架构，这是企业在上市之前必须要准备好的基础性工作。良好的股权体系对于企业而言，可以保障分配的合理有效。在上市审查的过程中，股权架构设计的合理性也是审查的一项重点。本章论述了创业初期的股权架构设计，明确了企业融资与企业股权的关系，并讲解了员工激励与企业股权、企业 IPO 与企业股权改制等方面的知识，为企业上市前的股权架构设计提供思路。

一、企业创业初期的股权架构设计

股权分配是一家企业稳定发展的基础。从大多数企业的情况来看，创业初期，企业的股权分配方式往往是非常清晰的，因为这一阶段往往只有一个很简单的分配结构，由几个投资者根据自己的出资来获得相应的股权即可。但随着公司的发展，总会有新的股东加入，也会有过去的股东离开，这就导致了各种利益的冲突。与此同时，在现实中还有很多特殊的股权，如“隐名股东”“干股股东”等，这些因素也使得公司的经营风险大大增加。

在企业经营过程中，各种内部矛盾有不少来自股权分配的种种隐患，而股权比例和股东权利作为股东权益保护的基础，无疑是重中之重。在实际操作中，很多中小投资者因为忽略了股权比例与股东权利的合理分配，最终导致企业陷入了严重的内部矛盾之中。这种情况继续发展，会使企业面临亏损的巨大风险。所以，在企业创业初期，一定要重视合理的股权结构设计，这是一家企业长期稳定发展的基础。

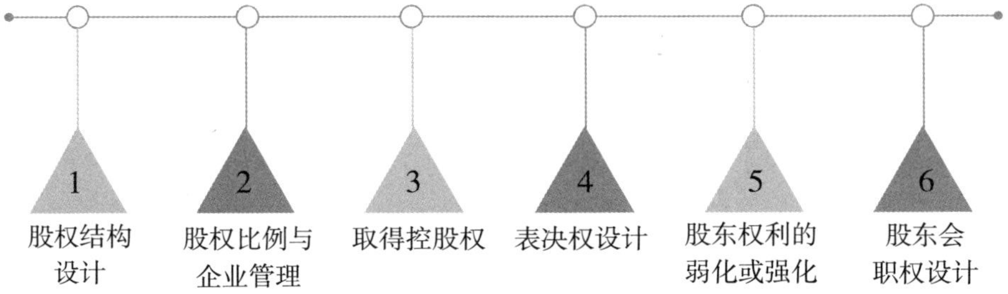

图 6–1　企业创业初期股权架构设计要点

1. 股权结构设计

股权结构并非单纯指股权的比例分配问题，很多投资者都认为，股权比例是一家企业控制权和管理权的关键所在。若将股权结构设计视为简单的股本比率或出资比率，那么在现实实践中的意义不大。这里需要讨论的股权结构设计，是在股东权益比例的基础上，对股东的权力结构进行的一系列调整，包括股东权利、股东会权利、董事会权力以及企业内部表决过程等诸多方面整合而成的股东权利结构体系。

2. 股权比例与企业管理

股权是以投资为基础的一种所有权，企业的管理权是以股份为基础的，同时企业的决策权也是由股权决定的，因此股权是决定企业经营方向和经营规模的重要因素。一些投资者只是单纯的投资，并不参与公司的经营，而另一些投资者不仅投资，也会参与企业的经营管理。作为股东来说，只要有投资，就有一定的决策权，区别在于不同股东的参与程度和带来的影响程度不同。

股东获得决策权的第一个依据就是股权的比率，在法律意义上，获得决策权的股东即为控股股东。按照《公司法》中对控股股东的定义，只要是所持股份超过有限责任公司股本总额 50% 的股东，或其所持股份超过股份有限公司股本总额 50% 的股东，以及持股比例虽不到 50%，但其所持股份的表决权足以对股东会和股东大会的决定产生重要影响的股东，都属于企业的控股股东。控股股东对于企业管理来说起到的影响是极为重要的，随着企业的发展壮大，这种重要性也会随之逐步提升。

3. 取得控股股东的方式

控股股东不仅对于企业的经营管理决策有重要的意义，在企业发行上市的计划中也是十分重要的。在上市申请审核中，企业的控股股东是重点审核对象，可以说，控股股东是从企业建立初期就需要详细规划的重要位置。具体如何有效地成为一家企业的控股股东，主要有下面两种最为直接的方式。

（1）直接实际出资。

这种方式是最为简单的，出资达 50% 以上，就可以成为一家企业毫无争议的控股股东，这也是最有效的控股方式，不过需要大量的资金投入。

（2）间接控制企业。

如果股东的直接实际出资比例没有达到 50%，但股权所占的比例最大，同时可以通过吸收关联企业股东、近亲属股东等方式，形成以自身为核心的股东联盟，这样也可以在企业内部形成控股局势，可以被认定为是企业的控股股东。

这两种方式是取得企业控股股东方式的一种简单设计，但是在实际情况中，未必可以顺利达到企业 50% 以上的股权，也不一定形成股东联盟。这种情况也可以通过对表决权的设计，实现成为企业控股股东的目标。

4. 表决权设计后的控股股东

如果想要通过表决权的设计成为企业的控股股东，必须在企业成立之初对公司的章程制度进行特定的设计。通过对企业章程的设计，可以增加自己一方的表决权，通过这种方式打破同股同投票权的惯例。

为了达到这种股权结构的目标，通常都是自身具有某种市场、技术，或者经营管理等方面的优势，以此来弥补资本投入上的不足，也就是用其优势来交换表决权。

在企业经营的实际操作中，许多技术型、市场型和管理型投资者对于这一点的认识程度不足，使得自身在经营中难以占据主要决策位置，也就让技术、市场、管理等方面的优势无法发挥到最大程度。对表决权进行设计，这一过程不仅要打破一般的公司法规定，而且要在实践中进行精细的运作设计，才能取得较好的效果。

5. 股东权利的弱化或强化

股东权益分为自益权和共益权，自益权包括收益分配、剩余财产分配、新股优先认购等，共益权则包括表决权、股东大会召集权、质询权、提起派生诉讼权等。传统的股权结构设计的基础是同等出资同等权利，但若存在隐名股东、干股股东等情形，股东权益未被削弱或加强，不仅对于企业实际投资人的利益有一定的损害，也会把公司暴露于更大的风险之中。

因此，在企业经营的实际操作中，需要通过章程和股东合同等工具来对股东的权利进行约束和明确。如果能够在企业成立之初就对股东权益进行适当的设计，就能够有效地防止以后在股权分配以及股东权利行使等方面形成争议。

公司吸纳高素质的技术型、市场型、管理型人才，同时可以达到对股东权益的弱化或加强的目的，因为这样的优秀人才进入公司，往往可以获得一定的股东权利。无论出于什么原因，在设计股东权益时，应当先满足法定的条件，其次要注意以法律的形式对股权分配的方式加以证明，可以是公司章程，也可以是合同。最后要注意准确地把握各项股东的权利，对于应弱化的权利应使之完全削弱，避免出现权利失衡影响公司发展的问题。

6. 股东会职权设计

公司法只是对股东大会和董事会的权力和投票方式作了概括式的说明，具体到企业执行的过程还是不够详细的，需要企业结合自身实际情况进行细化。由于各企业的实际情况差异很大，企业在进行股权结构设计时，应当从实际情况出发，全面考量。

在公司设立之初，投资者要综合考虑投资目的、投资金额、投资所占的比重，综合自身具备的优势，对公司的股权结构进行全面的分析，这样做不仅是对股东个人的利益有保护作用，也为公司未来的稳定发展提供了有效的保障。公司股权结构的科学化设计，充分反映了股东的自主意愿和法律适用的灵活性，因此，建议创业者在成立新公司的时候，要科学设计股权结构，为公司的长远发展打下坚实的基础。

二、企业融资与企业股权

企业在证券市场上的融资方式有很多，企业的这一行为有时会给企业的股权带来一定的影响，比如企业使用股权融资的方式就是一种比较常见的融资方式。作为企业的管理者，需要提前对企业融资与企业股权之间的关系有充分的认知，并做好股权融资的规划和准备。

1. 股权融资的概念

在企业考虑怎样进行股票融资前，必须弄明白股权融资是什么。股权融资，顾名思义，就是将企业的一部分股份转让出去，用来筹集资本，企业的总股本增加了，融资资金也增加了。企业通过股权融资所获得的资金，不需要返还本金，也不需要支付利息，当企业未来发展盈利后，再通过回购的方式来退出，因此股权融资是一种投资方式。

有些中介和项目公司在寻找资金的时候，会形成一个错误的认识，认为如果能获得充足的资金，那么通过股权融资或者债权融资的方式来筹集资金是差不多的。实际上，对于企业来说，这两者之间的区别还是很大的。股权属于投资方式的一种，如果投资成功，投资人可以通过分红来收回投资；而债务的本质是一种借款，在到期之前是必须要还本付息的。

为了避免企业在融资过程中造成不必要的资金、时间、精力方面的浪费，企业在制订融资计划之初，就需要确定好选择股权融资的方式还是选择债权融资的方式，而这主要是根据企业自身的资产结构来确定的。比如现在很多新兴行业的公司都是以轻资产、重技术的方式来运营的，如互联网行业、医药行业、高科技等行业，这些行业的特点就是具有很强的专业性，主要通过股权融资的方式来获得融资。而债权融资大多是针对传统行业的重资产类型的企业，比如房地产行业、生产类型的行业等，这些行业往往采用的都是到期还本的债权融资方式。

如果企业在融资方式的选择方面出了问题，后续就可能会陷入困境。企业在选择融资方式的时候，要明确公司的性质，然后再选择适合自身的方式来融资，这样可以增加融资的成功率，这也是企业融资成功的重要基础。

2. 股权融资的执行

很多创业者在决定融资的时候，都会觉得融资就是为了让企业发展壮大，这是一件好事，只要能找到平台或者直接与投资方进行对接，说出自己的项目和公司的情况，洽谈成功就获得融资，如果失败就找下一个投资方。但事实并非如此，企业在进行股权融资的过程中，必须抛弃惯性思维，除了立足于企业的当下情况，还要多想想以前没有发现的信息，这些信息往往是帮助企业股权融资获得成功的关键。下面整理一下公司股权融资的具体步骤。

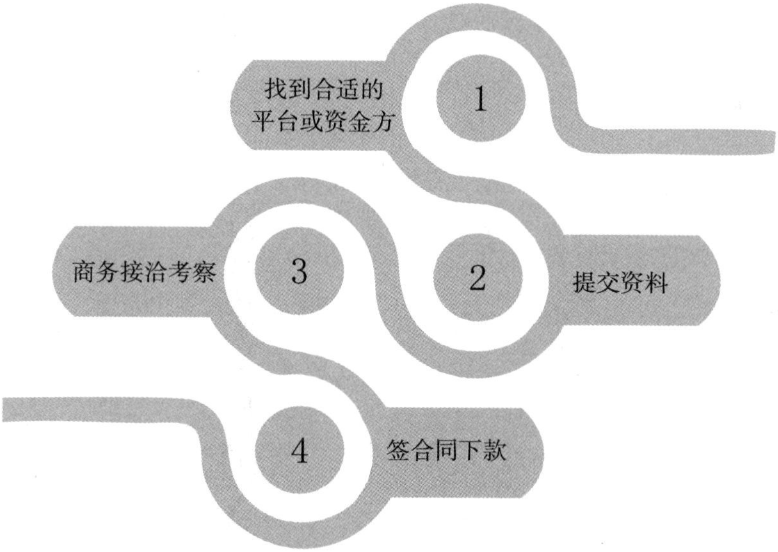

图 6-2　企业股权融资的主要步骤

第一步就是要先找到合适的平台或者资金方，找到出资对象之后，企业才能进一步开展股权融资的后续工作；第二步是向平台或者资金方提交资料，也就是将企业的情况展示给合作对象；第三步是在可行的前提下进行商务接洽考察，双方初步达成合作的意向；最后一步就是在双方都认可的情况下签合同下款，完成企业的股权融资。

结合上面的基本流程，还需要从具体执行的细节方面思考下面的问题：第一，如何寻找合适的平台或融资机构？第二，找到平台和投资人后，需要提供哪些信息，他们想要看什么？第三，如果平台或投资人认为可行，需要进行商业接触考察，他们需要考察哪些内容？第四，签订合同后，在下款之前还需要做些什么，需要采取哪些风险控制措施？

大多数中介机构和企业决策人都没有意识到执行中隐藏的问题才是解决股权融资资金的关键。找中介很简单，但是找到可靠的中介却需要更加谨慎，否则行业中“融资套路”和“融资诈骗”这样的情况可能会经常发生。因此，企业股权融资成功的第一步就是要找到真正懂得股权融资的中介机构。以股权投资公司来说，其资质是十分重要的考察点。比如公司的创始人、董事长、总经理都有丰富的投资经验，主导过十余个股权投资项目，而且对创业股权投资、上市公司并购，包括定增等资本运作的能力都很强。机构创始人、董事长、总经理、风控总监等，每个人在不同的领域都有自己的专长。企业在融资时，要对投资方和中介人员的素质进行严格的甄别，避免掉进“融资套路”。

下面来说说提交资料给投资方的要点。实际上这可不是一件容易的事情，它要求中介帮助企业完成一份商业计划书。

一份合格的商业计划书首先需要写好公司简介和项目简介，可以请专业的文案人员来写，不需要过于详细的介绍，只要能让资金方了解这个项目大致的情况就可以了。接下来需要介绍的是核心团队，包括人员、职位、学历、工作经验、参与项目等，这是大多数企业最容易忽视的一个问题。核心团队成员是企业的灵魂，是融资成功的关键，过去的项目经验和成功的产品，都是投资方关注的核心。如果企业有获得的专利或者掌握的高新技术等，也可以写上，这对于很多新兴产业来说是一个比较重要的优势。企业还需要介绍目前的产品投入和实际效果，包括对企业生产设备、研发设备的介绍、应用数据资料等。最后企业需要给出的是对企业或者项目的未来预期与分析，投入资金的规划等，这是资金方重点关注的问题。股权融资需要对未来收益进行估算，无论怎么进行计算，都离不开企业现在的真实数据作为参考。

三、合伙人制度与企业股权

合伙人制度与企业股权之间具有比较深的联系，企业合伙人制度对于企业的股权和融资会产生一定的影响。

1. 股权的概念与分类

首先，对于股权的概念可以从两个方面来进行理解。

第一种很常见，是百分比数字，比如持有一家企业 30% 的股权，这就是法律登记的股权。持有企业法定股份的百分比，就意味着在企业中拥有相应的份额。这个概念非常好理解，也是非常常见的。

第二种就是企业的创业股权。比如公司建立时有三个股东，分别占有 70%、20%、10% 的股权。这里需要注意的是，任何一个企业在发展的过程中都会经历一个成长期，度过了成长期后才是成熟的企业，这一部分股权需要等到企业发展起来之后才真正属于股东。

这是对企业股权两个方向的基本解读，具体到法律层面上，通常把股权分成三类。

第一类就是实际股权，也就是在工商局登记百分之多少的股权。

第二类就是限制性股权，也就是上面所说的从开始投资就享有，但是要在多年后才能真正兑现的股权。这种股权在企业的发展过程中，在股权的转让、质押和处置等方面都会有一定的限制，因此叫做限制性股权。

第三类就是选择权，也就是常说的期权。一般这种股权主要是给企业的员工设计的，可以用来作为激励核心员工和高管的方法，员工在一定条件下可以选择将其兑现。

2. 企业股权架构原则

股权架构属于企业经营的重要基础，对于企业的长期发展具有重要的意义。企业在设计股权架构的过程中，需要注意以下五个要点。

（1）公平性。

股东的贡献与股权比例要有关联性，这是股权分配公平性的重要体现。作为企业的决策人，必须清楚地了解每个人在企业不同的发展阶段做出贡献的差异，并且不能一刀切式地进行企业的股权配置，要科学、公平、合理地进行股权的划分。

（2）高效率。

企业的股权结构需要考虑到提高企业的决策效率，一般可以从两个方面来考虑。首先是资源，如人力资源、产品资源、技术资源、运营资源等方面来考虑股权的配置；其次，这种结构要有利于公司的管理，尤其是在

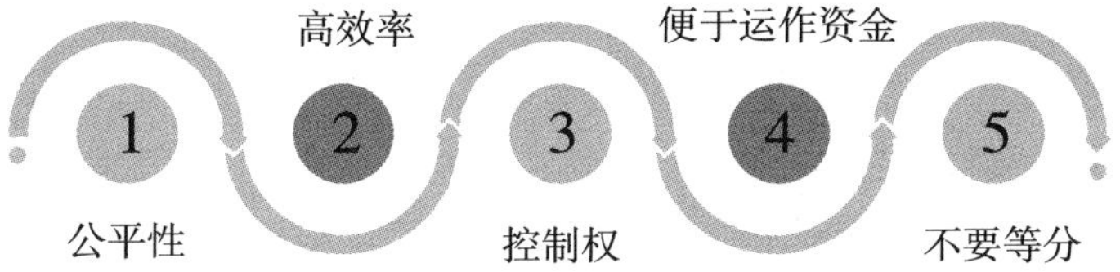

图 6–3　企业设计股权架构需要注意的五个要点

涉及重要事务决策的时候，可以根据议事程序的规定快速做出正确的决策，保证企业的高效运转。

（3）控制权。

不论企业的股东数量是多还是少，企业的控制权一定要明确，这对于企业的股权架构是十分重要的。一般来说，企业往往会制定有利于创始人团队对公司控制的股权架构，确保企业的控制权不会转移。

（4）便于运作资金。

企业在制定股权架构的时候，需要把未来资金运作的情况考虑进去，要建立对企业资金运营有利的股权架构。其中需要重点考虑两个方面：融资和公开发行。

（5）不要等分。

所谓的不要等分股权，是指股东的股权比重不能是相近的，比如各占一半，或者各占三分之一等。这样的架构很差，会让企业的权力过于分散，难以控制。因此，企业在设计股权架构的过程中，一定要注意避免出现这样的情况。

3. 股权分配问题

下面来说一下企业在股权分配中可能遇到的一些问题。对于上市公司来说，由于其自身的特性，可能在股权分配环节中会涉及很多人。多数情况下，公司可以根据自己所在的行业，决定拿出多少期权来分配给企业内部的员工。现在多数企业都是选择拿出 10% ~ 20% 的股份来分给员工，这样可以吸引更多的人才留在企业。

比如华为的激励机制是以现金价值来计算的，而非让公司全体员工都成为真正的股东。大家也可以从中得到启发，就是在考虑分割股份的时候，也要考虑到分配给员工的份额。

除此之外，企业还需要为新的合伙人留下一定的空间。考虑到企业建立的实际过程中，在很多情况下并不是每个团队都能从一开始就找到一支完整且合适的合伙人团队，在企业经营过程中，还会有很多其他的创业者加入企业的合伙人队伍里，因此需要在企业股权架构设计中预留出 15%，预备给未来可能加入企业的合伙人，这样比较合理。

4. 控制权问题

企业的控制权问题是在设计股权架构的时候需要同步考虑到问题，下面先来对企业的控制权问题进行一个大致的分类。

（1）绝对控制。

如果一个股东拥有超过三分之二的股份，就算是拥有对企业的绝对控制权。按照《公司法》的规定，任何公司的重大问题，比如公司的合并、解散、章程修改等，都需要超过三分之二的股东同意才能通过。因此，如果股东拥有超过企业三分之二的股份，就可以拥有企业的绝对控制权。

（2）相对控制。

相对控制主要是两种方法，一种是拥有超过 50% 的股份，这种是比较常见的，很多企业的创始人都是持有 51% 的股份。另一种是在企业的大量股东中占有最多的份额，这样可以达到相对话语权最大的目的。

（3）一票否决。

这种方式需要持有 34% 的股份，能够达到在企业决策中一票否决的目的。因为当企业进行重大事项的决策时，需要有三分之二以上的股东同意，而如果我持有 34% 的股份，那么剩下的 66% 即便都同意，只要我反对，这项决策也无法通过。这是一种比较直接的方式，可以让股东在企业投票中拥有绝对的发言权。

四、员工激励与企业股权

在目前的企业经营和管理中，员工激励是一种较为普遍的管理方法，这种方法会对公司的上市计划产生一定的影响。

1. 股权激励对企业活动的影响

从长期来看，使用股权激励的方式对企业的作用更明显，一般带来的是积极作用，具体表现在以下三个方面。

（1）有利于提高对核心人才的吸引力。

企业的各部门均有其对应的重要人才资源，通过股权激励的方式给予核心人才一部分企业股权或期权，可以为企业创造更好的内部竞争环境，并激发出人才最大的动力。股权与期权的重点在于企业的未来发展，让高绩效、高素质人才更有意愿留在企业继续发展。

（2）激发和调动管理人员的主动性和创造性。

股权激励可以把管理人员的利益和企业的收益结合起来，使得管理者能够自发、自觉地为企业创造更多利润，并把自己的才能发挥到极大程度。

（3）降低企业的运营成本并提高效益。

国内外的经验表明，实行股权激励后，经理的所有者意识得到了提升，员工的工作热情也可以得到极大的提升。在实践中，常体现为通过积极的管理来减少公司的运营费用，从而增加公司的利润。

2. 股权激励对现有股东的影响

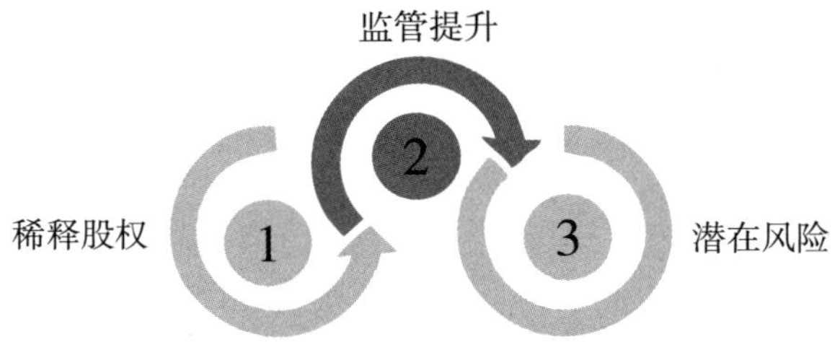

图 6–4　股权激励对现有股东的影响

（1）稀释股权。

使用股权激励的方式，一定会减少现有股东持有的股权比例，也就是让现有股东的股权被稀释。股权转让给一部分员工，势必会使得企业原有的股权从集中变得更加分散，从而使得现有股东的控制权被削弱一部分。

（2）监管提升。

实施股权激励，对于现有的企业股东来说，相当于监管变得更多，使企业实行更透明的运营管理和利润分配方式，并变得更加民主化。

按照我国《公司法》的相关规定，企业股东享有资产收益、参与重大决策、挑选管理层的权利，特别是股东享有行使表决权、查阅公司章程、文件和财务报告、会计账簿的权利，同时还具有分红权以及对其他股东出让股权的优先认购权等诸多权利。不论股东持股多少，都可以享有上述权利，因此股权分散的影响之一，就是对现存的股东可以进行更加严格的监管。在这种背景下，企业的经营管理、利润分配等都要做到规范化、透明化，重大事项的决策要民主化，过去“一言堂”的管理方式会逐渐地转变。

（3）潜在风险。

由于股权从集中向分散转变，股东们在经营管理和企业发展的观念上就会产生不同的意见，从而极大地增加了股东间产生冲突的可能性。因此，在企业决定实施股权激励的方式时，需要考虑到潜在风险发生的可能性，提前做好相应的准备，避免出现混乱的状况。

五、企业 IPO 与企业股权改制

对于企业在北交所、科创板以及创业板的上市要求，前文已经有比较详细的讲解，企业在上市之前，可以根据自身情况选择合适的配套制度进行上市的准备。具体就是企业需要进行发行上市可行性研究，满足上市要求后，根据自身现状决定在哪个板块上市。然后确定券商、会计师事务所、律师事务所等中介机构。中介机构尽职调查：从财务经营业绩、规范运作、发展战略等方面就是否符合上市条件进行初步评估，确定存在的主要问题和初步解决思路，确定发行上市方案。

企业改制是上市之前不可避免的准备工作，本节内容就来讲解一下企业在上市之前如何进行股权改制的工作。一般情况下，企业改制是有限责任公司整体变更为股份有限公司。企业改制过程中的要点如下。

1. 合法性、业务状况和发展前景

（1）股本形成过程的合法性。

从企业成立之日起，要注意出资方式，包括现金出资、实物资产出资、无形资产出资等，除现金出资以外，其他实物资产需要进行审计、评估等相关手续；对无形资产的投资，必须通过技术鉴定、评估等程序；以土地资产出资，需要土地评估机构进行评估，并由国土行政主管部门批准。在公司的持续运作中，可能会发生增资、股权转让等情况，每次变更时都需要齐全、合法的相关法律文书。

（2）资产形成过程的合法性。

企业在持续经营的过程中，还需要关注自身主要的经营性资产在形成过程中的合法性。如果企业的资产在形成过程中有不合法的情况出现，会为企业未来的发行上市带来不小的隐患。

（3）企业经营的合法性。

企业经营的合法性也是需要关注的，包括关联交易情况、财务制度情况、企业财务数据的真实性、特定行业经营的合法性等。比如企业处于医药行业，需要具备药品的生产许可证书、药品批准文号等；如果企业处于房地产行业，需要具备房地产开发资质；如果企业处于工程建筑行业，则需要具备工程建筑资质；如果企业处于通信设备制造行业，则需要具备入网许可证等。这些都是企业在行业中经营需要具备的基本证书，不能因为其比较基础就忽视了。做好企业经营的细节，会给企业未来的发展铺平道路。

2. 企业股权改制准备工作

很多未正式发行上市的企业，由于自身管理水平和财务水平有限，规

章制度不完善，需要按上市标准进行规范和改制之后才能发行上市。下面介绍一下企业在股权改制的过程中需要做的具体准备工作。

（1）聘请中介机构。

企业需要聘请财务顾问，负责改制方案的拟定、法律法规咨询、上市前的辅导、中介机构关系的协调以及相关文件资料的制作等。企业改制不仅需要中介机构的帮助，同时还需要聘请有证券从业资格的会计师、评估师和律师，利用他们的专业能力，帮助企业顺利完成上市前的改制工作。

（2）确定改制方案。

改制方案的制定关系到企业改制的效果，应在企业财务顾问的主持和统一协调下，与聘请的会计师、律师等共同探讨，制定科学、完善的企业改制方案。改制方案应包括发起人及其出资方式、股本结构设置、财务审计、资产评估、人事制度、劳资制度、财务制度、资产处置（非经营性资产的剥离、土地使用权的处置、商标使用权的处置等）。

（3）增资扩股或股权转让。

在企业改制的过程中，企业需要对自身的股本数量、发起人数量和股权结构等方面进行调整，比如引进新的投资者加入企业，或建立员工持股等新的股权分配体系，这种时候就需要进行增资扩股或股权转让的操作，让企业改制的目标可以顺利实现。

（4）评估和审计。

前期的准备工作就绪之后，企业下一步需要做的就是确定改制的基准日，此时可以请具有证券从业资格的评估师对企业开展评估和审计工作，如果结果合格，就可以继续推进企业改制的进程。

（5）召开股东会。

企业需要召开董事会和股东会，在会议上需要做的有：审议改制事项、签署发起人协议和修改公司章程等。

（6）名称预先核准。

名称预先核准步骤需要企业到当地工商行政管理局办理股份有限公司名称预先核准程序。在办理名称预先核准程序的过程中，企业需要提交的材料有：发起人协议、董事长签署的名称预先核准申请表、董事会决议等文件。

（7）申请变更。

首先，企业需要确认自身的改制申请文件，如发起人协议、公司章程、财务审计报告、验资报告、董事会股东会决议等，文件材料全部准备就绪以后，可以申请变更。

（8）设立股份公司。

企业的改制变更申请获得批准以后，就可以在企业内部召开创立大会暨第一次股东大会、董事会、监事会等，通过公司筹建报告，选举董事长，确定经营班子等。在创立大会召开后的 30 天内，需要股份公司董事会向省级工商行政管理部门申请设立登记。至此，企业改制完成，股份公司正式成立。

3. 企业改制方案设计细节

在企业进行改制的过程中，有一部分问题是多数企业都可能遇到的细节问题，下面来对其进行说明。

（1）股份问题。

按照《公司法》中关于企业改制的法律规定，在法律上，企业从有限责任制企业改制成为股份制企业时，其股本总额应与企业的净资产额相当。也就是说，从审核基准日确定开始，经过具有证券从业资质的会计师事务所的审核，企业的净资产值就变更为股份公司的股本。因为在企业的实际经营中，有限公司的净资产并不一定恰好是一个整数，所以通常都是以整数的形式计算股本。剩余的零数处理方法一般有两种：一种是将零数分给股东，让其留在账簿上，作为对股东的债务；另一种则是将零数记入企业的资本公积金中。

这里有以下几点要说明：在企业的实际情况中，如果控股股东的数量众多，其合并报表的资产总额与其母公司的资产总额有可能会存在一定的差异，因此，在实际中，通常采用母公司的资产净值作为其折价基础。若股份公司在公司改制时的总股本低于3000万元，则可以采取增发的办法来提高其股本，使之符合股本方面的要求。

（2）无形资产问题。

根据《公司法》中的有关规定，股东出资的方式可以是现金，也可以是实物、知识产权或者土地所有权等。对于出资使用的实物、知识产权或者土地的所有权等，都一定要先进行估价、确认和核实，之后才能折算成股权。如果股东以其他非货币形式作为出资的，则企业应当获得产权证书或全部所有权，才能作为无形资产的出资来使用。

在企业改制的无形资产相关问题中，主要集中在土地使用权、商标、工业产权和非专利技术等几个领域。

① 土地使用权。

企业用于商业经营的土地处理方法有四种。

其一，公司缴纳了土地出让价款，并获得了土地的使用权；其二，公司的控股股东支付了土地出让价款，并在获得使用权后将其出租，公司按规定应当获得全部的土地使用权；其三，若是通过租赁的方式从主要发起人或控制股东手中合法获得土地使用权，应当清楚地注明出租的期限和付

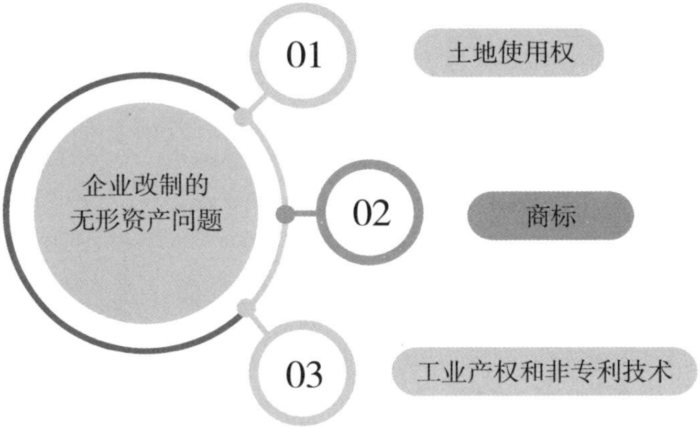

图 6-5　企业改制的无形资产问题

款的方法，并规定公司在合同期满时享有的优先选择权。

② 商标。

根据证监会的规定，在成立股份公司时，所有涉及其营运活动的标志都要登记到公司名下。公司改制过程中，如果其商标在控股股东手中，则控股股东必须将商标和商誉免费转让给企业，不能将商标作为无形资产出资来入股。

③ 工业产权和非专利技术。

工业产权和非专利技术与商标的区别在于，这两种无形资产可以通过支付合适的价格来进行转移，使之属于企业。公司的发起人可以将自己所持有的工业产权和非专利技术作价出资，不过按法律规定，这种出资方式金额有一定的限制，为其公司总股本的 25%，不得超过这一金额数。

第七章

募集资金管理、股份变动管理与上市保荐

募集资金管理在企业上市过程中占有重要的位置。对于募集资金管理的规范化，不仅能够提高募集资金的使用效率，促进募集资金更加有效地为企业收益服务，而且是企业管理水平高、能力强的重要体现。股份变动的合理化管理，对于不断优化企业管理，吸引更多的投资有一定的意义，有利于企业上市。做好募集资金管理与股份变动管理，对于企业上市来说是一个不能忽视的环节。

本章主要介绍北交所对募集资金管理、股份变动管理以及股份减持管理的相关规定，对比北交所与沪深交易所股份变动管理的规定，并根据北交所对上市保荐的规定，对中介机构的选择给出了一定的建议。

一、募集资金管理规定

北交所对于募集资金的管理制度是比较严格的，要求上市公司必须按照北交所制定的关于募集资金利用、变更及信息披露方面的要求，不断更新和完善募集资金的管理和使用制度。按照规定，发行人对于募集资金储存、使用、监控和问责的内部制度有建立健全的责任。制度的建立健全应当包括募集资金使用的分级审批权限、决策程序、风险防控措施和信息披露要求。未经董事会批准，公司不得将募集资金用于约定用途以外的用途，也不得拒绝为募集资金设立专户。募集资金与自有资金不能混入同一个账户进行管理，如有两类资金的混合管理情况，应当及时更正。

本节内容重点对北交所发布的《北京证券交易所股票上市规则（试行）》（以下简称《上市规则》）中企业募集资金管理方面的相关内容进行阐述。

1. 北交所募集资金管理概述

按照《上市规则》中的整体内容，在北交所企业的募集资本经营上，总体上需要做出适当的灵活安排，以反映中小企业的特点，并有利于发行人规范、透明、灵活地安排募集资金的使用方式。

（1）机制。

在募集资金管理机制方面，发行机构要制定募集资金存储、使用、监督和责任的内部管理体系，对募集资金分级审批权限、决策程序、风险控制措施和信息公开等方面进行规定。

（2）专户。

企业应设立募集资金专用账户。根据《上市规则》的规定，募集资金必须放在专门的募集资金账户上，这个账户不能用于任何非募款或者其他目的。这是为了达到专款专用的目的，防止企业将募集资金用于其他用途。

（3）监管。

在监管方面，《上市规则》提出了募集资金应采用三方监管的方式，上市企业需要和保荐机构以及保管募集资金的商业银行签订三方监管协议，共同监督这批资金的使用。

2. 北交所募集资金管理细节

（1）资金用途。

① 企业所募集的资金，应使用在企业主要的经营范围和业务中。这一

规定防止企业将募集到的资金用于其他不相关的领域或者不利于投资人的方面，对于投资人的利益是一种保障。

② 募集资金可能会出现暂时闲置的部分，可以将这部分募集资金投资于安全、可流动、能够保证投资资产安全性的金融工具中。这样可以保证企业的募集资金在闲置时也可以发挥一定的功能，为企业创造更多的价值。如果企业将闲置资金用于购买金融工具的投资，则需由企业董事会审议并予以公告，并由董事会和保荐机构出具书面同意意见并予以披露。符合上述一系列程序之后，企业才可以使用募集资金来进行投资。

③“负面清单”。非金融公司以外，发行人不得将募集资金投资于从事金融资产、其他权益工具投资、其他债权投资或借予他人、委托理财等财务性投资，不得直接或间接投资于以买卖有价证券为主营业务的公司，不得用于股票及其衍生品种、可转换公司债券等高风险投资，不得通过质押、委托贷款或其他方式变相改变募集资金用途。这一规定也是为了限制企业将募集资金使用在规定以外的用途，保障投资人的资金安全。

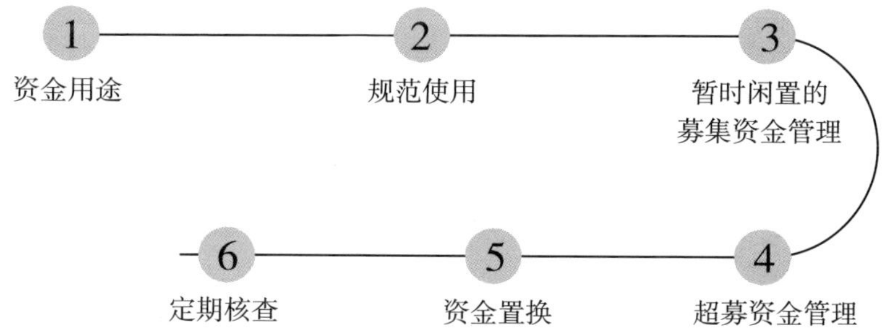

图 7–1 北交所募集资金管理细节

（2）募集资金的规范使用。

如果募集资金的用途改变，需要经过规范化的流程才可以正式生效。

公司变更募集资金的用途时，须经董事会或股东大会审议并予以公告，由独立董事及企业的保荐机构发表同意意见，并予以公开。这里需要注意的有两点：一是执行主体在上市企业和自身的全资子公司中发生的变动可以不遵照上述规定；二是如果企业只变更了其所投之融资项目之执行地，则不需向股东大会提出审议的申请。

（3）暂时闲置的募集资金管理。

企业的募集资金可能会出现临时闲置的情况，这部分流动资金可以在短期内作为企业流动资金的补充。但需要注意的是，这类资金只能在与公司的主要业务有关的生产和运营中使用，企业需要注意对临时流动资金的期限和额度等给予适度的灵活性。

如果企业使用闲置资金作为临时流动资金来使用，须由公司董事会审议后予以公告，并由独立董事会和保荐机构宣布明确的同意意见，并予以公告，此后才能合法地支配这部分资金。

在补充流动资金期限届满前，应将上述款项退回到资金账户，并在资金完全返还后予以公布。按照北交所公布的负面清单的相关要求，企业不可将资金直接或间接地投入到高风险性的投资中，如证券、可转换公司债券等。公司在使用补充流动资金的时候，需要向社会公众保证一年内不从事高风险的投资活动，比如购买证券及其衍生产品、可转债或向其他机构提供金融支持等。此外，北交所对于企业应用闲置流动资金的时间也做出了限制，规定一次补充流动资金的使用期限最多不能超过 12 个月。

（4）超募资金管理。

所谓超募资金，是指公司的实际募集资金总额超出了原计划的募集资金总额的部分。对于这部分资金的使用，《上市规则》中也对其进行了规定：必须由企业的董事会、股东大会审议通过并公告，由企业的独立董事和保荐机构发表明确的同意意见并公开，此后才能使用这部分超募资金，不可私下支配使用。

（5）资金置换。

在公司将自有资本提前使用到已披露的募集资金建设项目后，可以使用募集资金进行置换，也就是企业先用自有资金执行某一项目，再用募集资金补回自有资金。使用资金置换，应当由企业的董事会审议通过并公开，独立董事和保荐机构需要发表明确的同意意见并公开。公司应及时披露募集资金置换公告，并就企业的项目是否存在前期资金的实际投入和安排发表专门的意见。

（6）定期核查。

① 发行人的半年自查报告。

按照《上市规则》的规定，上市公司董事会每年都要对公司募集资金运用的实际情况进行自我检查，并在年报和中审报告的基础上予以公布。

② 审计机构的审计意见。

公司董事会应当在公司年报中出具募集资金存放和使用情况的鉴证报告，由公司聘请一家审计机构对其进行审计。

③ 保荐机构现场核查。

上市公司保荐机构每年需要对企业募集资金的实际保管和运用情况进行一次检查，需要进行实地核实，然后出具检查报告，并在企业的年报中予以公布。

二、股份减持管理规定

为了实现对已在北交所正式挂牌上市的企业控股股东、持股比例在5% 及以上的股东（也就是平常所说的企业大股东）、实际控制人及企业的董事、监事、高级管理人员等企业中“关键少数人”的减持行为的管控，维护投资人的利益，根据相关监管部门的实际情况和市场意见，北交所制定了《北京证券交易所上市公司持续监管指引第 8 号——股份减持和持股管理》（以下简称《监管指引》），并于 2022 年 12 月 30 日颁布实施。

这份《监管指引》的文件内容，进一步完善了相关的上市公司管理制度，尤其是有助于各市场主体对于北交所上市企业的股份减持相关管理规定有更加深入的了解。《监管指引》的内容具体包括以下三个部分。

图 7–2 《监管指引》的有关要求

1. 大宗交易与协议转让减持

首先，企业股东可以通过大宗交易、协议转让等方法来进行减持，但是前提是需要按照《监管指引》中的要求来进行信息披露。在北交所上市的企业大股东和董事、监事、高管等，如果选择使用集中竞价方式来进行减持股票，必须在 15 个交易日前公告自己的减持计划。如果这部分关键少数计划在 3 个月内减持股份超 1% 的，必须提前 30 个交易日披露自己的减持计划。《监管指引》中还规定，北交所上市企业的大股东等关键少数全体如果要使用大宗交易、协议转让等进行股份减持时，必须在 15 个交易日内进行事先公告。

2. 股份来源的判断

《监管指引》中的第二个要点是要厘清股权的产权归属。《上市规则》规定中明确提出，北交所上市企业的大股东及企业的实际控制人在证券交易所及证券市场交易中购进的股票，如果要进行减持，则不需要事先进行任何预先公告。在实际操作中，很多人对于需要公开披露和不需要公开披露的标准存在许多疑惑，现在可以从《监管指引》中的相关规定中找到答案。如果大股东或实际控制人既持有需要减持披露的股份，也持有不适用于减持披露的股份，那么就可以先将不适用于预先披露规定的股份进行减持，这是企业大股东减持顺序的指引。

3. 股份减持的要求

《监管指引》中的第三点明晰了上市公司股票的减持条件和融资融券业务之间的关系。北交所出台了《北京证券交易所融资融券业务规则》（以下简称《业务规则》）和相关的配套指引，在这份《业务规则》中规定，投资者在从事融资融券业务的过程中，涉及与股票减持相关的交叉适用原则，有关的后续管理规定必须和两融体系有序对接。《监管指引》规定，投资人进行融券交易时，应当将信贷账户和一般账户的持股比例统一核算，以符合有关规定。

《监管指引》的颁布，直接规定了北交所上市企业的大股东通过大宗交易、协议转让等方式进行减持的前置披露信息，使得减持活动更加公开、公平、公正，确保了交易的透明度，确保了信息传播的及时性、全面性和准确性，保护了中小股东的知情权。

自北交所正式成立至今，已初步摸索建立起一种以信息公开披露为中心的市场化上市公司减持制约制度，整体运作较为稳定。《监管指引》的出台，有助于各方对规则的了解与实施，降低减持违法行为，提高公司的规范化运营；同时对防止市场上的监管套利、规范市场交易、保护中小股东的利益都是有益的。下一阶段，北交所还将继续根据上市公司的发展情况和公司的运作情况，对上市公司进行跟踪、评价，确保上市公司股票减持管理机制的有效性。

三、上市保荐的规定

为了使北交所的承销保荐业务得到规范，进一步提升北交所上市企业的素质，提升保荐机构的水平，维护广大投资者的合法利益，推动北交所的良性发展，北交所于 2020 年 10 月 30 日正式颁布了《北京证券交易所证券发行上市保荐业务管理细则》(以下简称《管理细则》)，并于 2021 年 11 月 15 日正式实施。此文件旨在对北交所的保荐业务进行规范，并切实履行保荐职责。本节内容就结合这份《管理细则》，对北交所关于上市保荐方面的规定进行详细介绍。

按照《管理细则》，保荐机构需委派 2 位独立董事对发行人进行保荐，并提供一份有法人签名的专项授权委托书，同时还需要保证相关部门和工作人员的分工与协调，确保相关工作高效率推进。保荐机构可以委任协办人共同参与发行人的保荐工作。

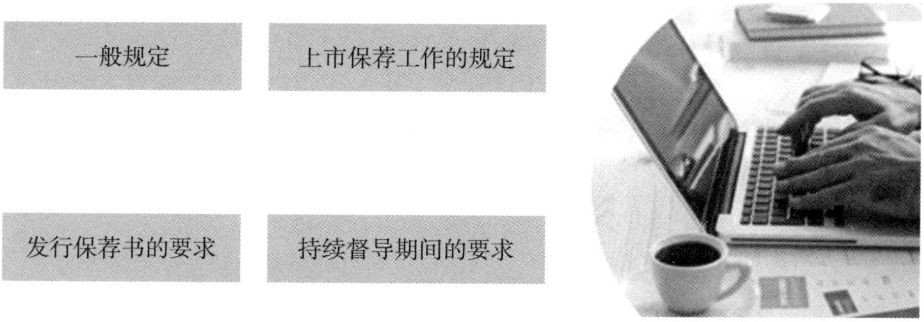

图 7–3 北交所对上市保荐的规定

1. 一般规定

保荐机构在北交所进行的保荐工作和相关活动，均按《管理细则》执行。作为北交所的保荐机构，必须具备保荐资格并获得北交所会员资质，在执行活动的过程中必须遵守法律、部门规章、规范性文件和证券交易所的经营规定，不能利用保荐机构开展保荐活动来获取非法利润。

保荐机构在从事保荐工作时，必须履行尽职调查、辅导、核查、制作和报送文件、披露、持续督导等工作，对公司及其控股股东、实际控制人进行尽职调查、审慎核查，并对其经营情况及存在的问题进行全面的核查，履行相应的内部核查程序。保荐机构的职责是对股票上市出具清晰的推荐意见，并提供相关的证明文件。

2. 上市保荐工作的规定

保荐机构在股票正式发行前，须与发行人签署保荐合同，合同中需要规定保荐机构在保荐和继续监督过程中的权力和责任，并合理地约定保荐费用的数额及支付期限。在完成了保荐协议的签署后，需要在五个工作日之内将有关情况上报证监会有关部门。

在保荐书中，保荐机构与发行人应订立的规定内容如下。

根据证监会、证券交易所有关法规以及保荐协议中的相关规定，发行人应向保荐机构提供相关的资料，配合保荐机构的工作。保荐机构会根据情况对上市公司进行经常性或不定时的访问，并查阅募集资金账户信息和与企业上市发行有关的证明文件。保荐机构还会参与公司股东大会、董事会、监事会的活动。另外，保荐机构还需要对发行人是否有重大损害公司和投资人权益的问题进行核查，并发布专门的现场核查报告，出具意见并发布风险揭示书。

保荐机构和发行人在保荐协议中还需要明确发行人的义务，积极协助保荐机构完成工作。具体义务包括：根据保荐协议向保荐机构提供必要的与发行上市有关的资料，如发现有重要的信息，或存在严重的危险，必须向保荐机构报告。发行人对公司的相关事项需要进行必要的披露，并对其进行必要的纠正。此外，发行人还需要为保荐机构的工作所需提供其他条件及便利。

3. 发行保荐书的有关要求

保荐机构在保荐证券发行的过程中，须向北交所递交专用的保荐书、保荐代表人授权书及其他相关证明材料。

上市保荐文件具体需要包含以下几项：①对本次发行符合《公司法》及《证券法》所要求的上市条件、上市流程等情况进行详细的阐述；②按证监会及证券交易所的相关法规要求，列出各相关调查结果的核查程序和事实根据；③说明发行人面临的重大风险和未来的发展状况；④发行人的内审流程和中证公司的审计报告；⑤保荐机构和关联方与发行人之间的利益关系和主要交易情况；⑥保荐机构依照《保荐办法》及证监会、证券交易所相关法规作出的保证以及规定的其他相关事宜等。

4. 持续督导期间的审阅内容

在持续督导的过程中，保荐机构必须做到如下几项：一是审查公司的公开资料，并提供给证监会及北交所需要的其他资料；二是推动上市公司建立和实施内部信息公开机制，及时公布相关的风险提示；三是监督公司制定和实施公司治理和内部控制的相关制度，具体包括：就企业的关联交易、担保、变更募集资金使用，或有可能影响公司持续经营能力和控制权稳定的风险等问题，提出相关建议；针对存在资金占用、关联交易显失公允、违规对外担保、违规使用募集资金等有可能损害公司及投资人合法利益的问题进行专项实地核查；对公司主要违法、严重违规问题和其他重要问题进行及时汇报；敦促公司及其控股股东、实际控制人履行其对公司的承诺，对公司的募集资金专户存储、投资项目的落实情况进行监督；根据证监会和证券交易所的要求以及保荐机构所确定的其他义务。

四、上市中介机构的选择

通常来说，上市公司需要聘用三大类型的中介公司，分别是券商（保荐和承销商）、会计师事务所和法律事务所，此外，公司还会按实际情况聘用专业的资产评估师。有些公司在公司内部管理人员能力不足时，还会聘请专门的顾问机构，帮助公司与中介机构对接，参与股改计划的制订，以及处理与中介机构的关系，处理与公司上市有关的事务。

1. 各中介机构的责任

保荐代表人要认真执行法定义务，遵循公司章程和行业准则，认真审核发行人的申请材料和披露资料，监督发行人正常运作，对其他中介机构发表的专业意见进行核查，对发行人是否具有持续盈利能力、是否符合法定发行条件作出专业判断，并确保发行人的申请文件和招股说明书等信息披露资料真实、准确、完整、及时。

具有证券资质的会计师帮助公司完善财务管理、会计核算和内部控制体系，为公司在公司改制中的财务和税务问题提供咨询，并提供相关的资料，提供相关的审核和验资。

法律事务所对拟上市公司进行全面的梳理，参与公司改制方案的制订，解决公司改制、上市过程中的相关法律问题，协助企业成功实施合规整改方案，协助企业准备报送所需的各项法律文件，出具法律意见书等。

2. 企业如何选择中介

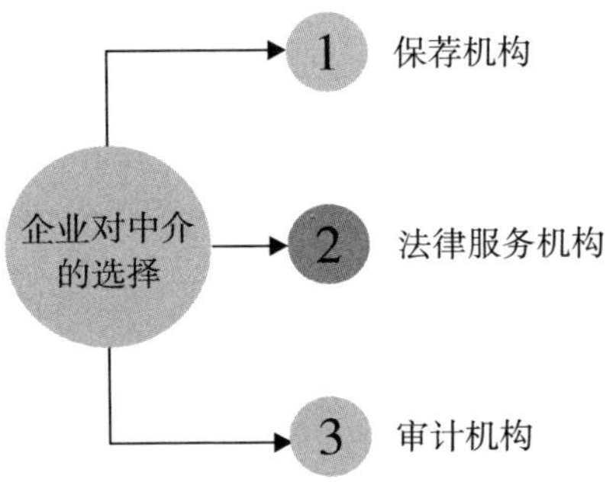

图 7–4　企业如何选择中介公司

（1）保荐机构。

① 保荐机构需要具有相关领域工作经历。发行人需要重点考察的

是，保荐机构是否熟悉企业所在的行业，成功完成保荐工作的经验是否丰富等。

② 保荐机构的信用。要注意的是，保荐机构是否曾受到过证监会的处罚、是否有行政处罚记录、是否涉及诉讼等，以防由于保荐机构自身问题而对公司造成不利的后果。

③ 保荐机构的整体能力。发行人可以从保荐机构的人员构成、资产规模等方面来进行考察，需要重点考察的是质量控制与核心流程的严谨与健全。

④ 保荐机构的人员素质。保荐机构能否派遣有丰富经验的主管人员参加保荐工作，并能高效地配合发行人公司的上市准备工作。发行人要对保荐人员的资历、资源、工作经历、工作作风等进行充分了解。

⑤保荐机构的沟通能力。保荐机构的代表人员应具备较强的沟通与协调技巧，能够与其他中介组织协同推进企业发行上市的进度。

（2）法律服务机构。

①团队工作经验和工作经历。发行人在选择法务机构的时候，要考虑到该法律服务机构在发行上市业务中的经验是否丰富，是否拥有高水平的法律顾问，是否与其他中介公司和投资者建立了良好的联系，这些是法务工作顺利完成的基础。

②对拟挂牌公司所处的产业有一定的认识。法律服务机构应熟悉发行人所在的产业，能准确地掌握产业特征。

③承办律师的工作态度及工作能力。承办律师应具备丰富的工作经验，全程参与，及时反馈，并有与其他代理机构合作的能力，以确保其能够顺利、高效地处理和解决企业发行上市的法务问题。

（3）审计机构。

① 审计机构的实力。排名前四位的审计机构占据了约一半的在审核项目数量，预上市企业可以考虑与排名靠前的审计机构进行合作，以确保审计质量。

② 审计方法的选择。审计机构必须了解和掌握诸如行业会计标准等相关规定，会计核算的不同方式对上市公司制作财务报表有很大的影响，如果出现错误，将会给企业的上市申请带来很大麻烦。

③ 审计人员的能力。发行人可以参考审计机构的过往工作表现及团队成员构成，尤其是在现场工作的表现。审计人员的专业能力将会对上市发行审计工作的效率和质量形成重要影响。

第八章 北交所对上市企业的持续监督

北交所始终坚持为“专精特新”中小企业服务，致力于构建与中小企业发展相适应的监督制度。本章主要介绍北交所在公司治理、企业信息披露、企业股权激励、企业重大资产重组以及企业的退市机制等方面的监督内容。对于上市企业来说，了解北交所对上市企业的持续监督，有利于自查在发行上市申请中存在的问题，让发行上市的道路更加通畅。

一、对公司治理的持续监督

北京证券交易所相继颁布了《北京证券交易所股票上市规则（试行）》（以下简称《上市规则》）、《北京证券交易所向不特定合格投资者公开发行股票并上市审核规则（试行）》《北京证券交易所上市公司证券发行上市审核规则（试行）》《北京证券交易所上市公司重大资产重组审核规则（试行）》等四项基本操作细则、指引和办法，体现了其包容、灵活、普惠、与时俱进的市场特征。本节内容就围绕上述文件的内容，为读者带来北交所关于公司治理持续监督方面的讲解。

1. 北交所的公司治理概况

《上市规则》《北京证券交易所证券发行上市保荐业务管理细则》《北京证券交易所上市公司持续监管办法（试行）》（以下简称为《持续监管办法》）《北京证券交易所上市公司持续监管指引第 1 号——独立董事》等文

件都对公司治理提出了相应的规范，突出了监管当局对上市、日常经营、持续监管等方面的重视。

2. 相关规则解释

《上市规则》规定了公司的基本制度框架，系统、全面地规定了股东大会、董事会、监事会和高级管理层的运行规范，并针对控股股东、实际控制人、收购人等主要股东作出了规定。针对其特点，在公司治理结构上给予了特殊的规定，使其在资本市场的利益和成本之间得到了均衡。

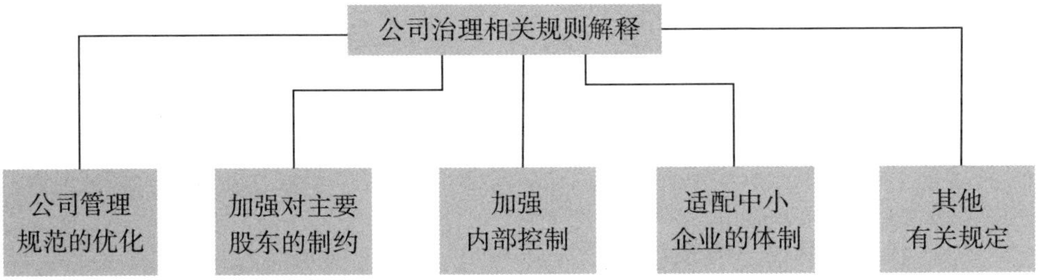

图 8-1　北交所公司治理相关规则的解释

（1）公司管理规范的优化。

《上市规则》进一步完善了公司的管理规范。例如，《上市规则》要求，在董事会开会前，必须提前准备好相关的决议资料。如发现材料不全、证据不足，可以提交给董事会，要求其推迟开会，并由董事会予以批准，公司需要对这一情况予以公告。在《上市规则》中，对独立董事的管理方式进行了进一步的完善和补充，主要涉及：发行人利用其自有资金进行投资的行为、变更资金使用范围、超募资金的使用、资金置换、特殊投票权等。

（2）加强对主要股东如控股股东和实际控制人的制约。

《上市规则》规定，为了保证公司的独立性，必须从资金占用、关联交易、担保、同业竞争等几个角度来规范控股股东、实际控制人和关联人的行为。

《上市规则》中提出的具体要求大致如下。

① 控股股东和实际控制人必须采取有效手段确保公司资产、人员、财务、机构、经营等方面的独立，并且在其他方面不能对公司的独立性造成损害。

② 控股股东和实际控制人对公司和股东有诚实信用的责任，必须按照法律规定行使股东的权利和义务。控股股东和实际控制人不能以控股股东的控制为目的，侵害公司和股东的正当权益，也不能以控制他人的身份获取不法利润。

③ 上市公司控股股东或实际控制人不能直接查阅、要求公司上报公司重要的非披露资料，除非是法律法规允许的。

④ 将融资的主体扩展到控股股东、实际控制人和关联公司。资本的使用方式主要有：为控股股东、实际控制人或与之相关的人支付工资、福利、保险、广告等费用；公司代控股股东、实际控制人和关联公司的债权清偿；向控股股东、实际控制人和关联人提供有偿、无偿、直接、间接的贷款；未按时偿付公司对控股股东、实际控制人和关联人承担的担保责任所产生的负债；公司向控股股东、实际控制人和关联人提供的现金不涉及实物和服务；证监会和北交所规定的其他融资方式。

⑤ 禁止任何新的同业竞争形式。公司控股股东、实际控制人和控制的公司，在公司上市发行后，不能产生其他可能会对公司的独立性产生不利的影响。

⑥ 防止不良的关联关系。公司和关联企业之间的关联不能通过关联业务进行利益的转移和调整，也不能通过其他手段掩盖关联关系。

值得注意的是，深交所对关联方的定义及其他问题上，与科创板、创业板并不完全相符，如果未来公司打算在两个交易所之间进行转板，要特别留意有关制度的差别。

（3）加强内部控制。

在《上市规则》中，关于公司内部控制的规定，其内容如下。

① 公司必须建立和完善治理结构，并由公司董事会对其进行监督。

② 公司要强化对子公司的管理和控制，制定对其实施的控制策略和管理过程，并要求各子公司根据经营特点，完善其内部控制体系。

③ 公司的信息公开管理体系应该包含公司的财务和会计内部监控流程。

（4）与中小型企业的现实相适应的体制设置。

关于北交所公司治理的有关规定，比较符合我国中小企业经营发展的现实。

①在必要时，鼓励公司成立特别理事会。

《上市规则》要求，董事会可以在必要时设立审计、战略、提名、薪酬和评估等有关的组织机构。根据法律法规和董事会的规定，由公司的特别管理机构向公司行使职权。本公司的特别委员会应当在公司的《公司章程》中明确其组成和职责。《持续监管办法》同样适用于特别委员会。

②对独立董事的规定。

《上市规则》要求，在我国证券交易所上市的企业，需要设立一位具有独立法人资格的独立董事，且该独立董事的数量必须满足证监会的有关要求，必须是一位具有会计职业资格的人员。

（5）其他有关规定。

《上市规则》在承诺事项管理、投资者关系和社会责任等各环节都有具体的规范，充分反映了北交所对上市公司的上市、日常经营和持续监管等问题的关注。

3. 关于拟挂牌公司的若干政策建议

（1）健全公司的管理体系。

通过对公司章程和三会制度的设置，实现公司决策权、执行权与监督权的制衡，并根据公司的实际情况、具体情况，决定公司内部的审计、战略、提名、薪酬与考核等专门部门的设计，以提升董事会行使职权的效率与品质。

在公司的重大业务活动中，充分发挥董事会的职能，运用自己的专业技术和丰富的工作经历，对与公司重大经营决定有关的问题作出评价并提出宝贵的建议，以保护公司的整体利益和中小投资者的权益。

（2）加强内部控制制度的构建。

公司应尽快完善内控制度，从顶层设计、中层支撑、底层操作三个层次建立公司的内控制度，完善公司的组织结构，明确各职能部门的职责，建立和完善制度流程，完善公司的内控制度。

（3）为公众的福利积极承担社会义务。

企业在注重经济效益的前提下，要坚持以绿色发展为目标，把生态环保的要求纳入公司的发展策略和公司治理全流程，并结合公司的生产经营特点和实际情况，承担环境保护责任。要坚持科学伦理和科学精神，坚持正确的价值观念、社会责任和道德准则，大力发扬“专精特新”企业在社会层面的积极作用。

二、对信息披露的持续监督

证监会发布了《北京证券交易所上市公司持续监管办法（试行）》（以下简称《持续监管办法》），目的在于对公司在北交所挂牌后的相关各方进行规范，促进中小企业的健康发展，维护广大投资者的合法利益。

1. 公开的主体和义务

（1）主体。

发行人、上市公司及其董事、监事、高级管理人员、股东、实际控制人、收购人、重大资产重组交易对方、破产管理人等机构及其相关人员，为履行信息披露义务的主体。按照《上市规则》第 4 章 4.2.21 条，上市公司股东、实际控制人和其他知情人在披露信息之前应承担严格的保密责任，不能以公司未公开的重要资料牟取利润，不得从事内幕交易、操纵市场或者其他违法违纪行为。按照《上市规则》第 5 章，公司董事会应负主要的会计责任，董事会不仅是公司的重要组成部分，也是公司内部控制和监督体系的重要组成部分。

（2）连带责任。

按照《上市规则》第 5 章 5.3.4 条的要求，公司董事、监事和高级管理人员在披露公司资料的真实性、准确性、完整性、及时性和公平性方面负有责任。上市公司董事长、经理、财务负责人应当承担公司财务报告的真实性、准确性、完整性、及时性和公平性等方面的主要职责。

按照《持续监管办法》第 31 条，证券公司、证券服务机构及其人员未勤勉尽责且情节严重的，证监会依照《证券法》、中国证券交易所其他有关规定，使其承担相应的法律后果。

2. 公开资料的规定

按照上海证券交易所有关规定，上市公司应当及时、公平地披露对公司股票交易价格和投资者投资决策的重要内容，并确保其内容真实、准确、完整，不存在虚假记载、误导性陈述或重大遗漏。除了法律规定或根据北京证券交易所的业务规定要求披露的信息以外，自愿披露、暂缓或豁免信息披露、行业信息披露、风险信息披露等信息披露工作，在执行的过程中均须遵循有关规定。

（1）自愿公开资料。

在自愿披露的情况下，公司及其有关的披露主体必须遵循公开披露的原则，保证披露的完整性、持续性和一致性，不得有选择性披露的问题，不得与法律规定的信息发生矛盾，不能误导投资者，不得通过信息披露从事市场操纵、内幕交易或者其他违法违规行为。如果已经披露的内容出现了很大的变动，会对其进行投资的决定产生影响的，需要对这一情况及时进行公开披露。如果公司及其有关的信息披露主体是其主动提供的，则在出现同类情况时，也要依照相同的准则进行披露。

（2）行业信息的公开。

按照《持续监管办法》第12条，公司必须在符合本行业特征的前提下，对本公司从事的行业运营情况进行适当的公开，以利于投资人做出正确的投资决定。对于未盈利的公司，必须充分说明原因，包括现金流、业务拓展、人才引进、团队稳定性、研发投入、战略性投入和生产经营可持续性等方面的行业信息。

（3）延缓或免除披露的资料。

如果公司公开的资料中有下列情况的，可以暂停或者免除其披露。第一，所提供的信息属于商业秘密和商业敏感信息；第二，所公开的资料是国家机密，一旦泄露，将会使其触犯有关法律、法规或危及国家利益。公司及其有关披露主体对暂缓或豁免事项的选择要谨慎，不能任意扩大。对暂停披露的信息和免除披露的信息，要对其原因情况予以公告。

3. 必须公开的事务

（1）重大交易。

按照《上市规则》第 7 章，在符合以下条件的情况下，公司进行的业务（除提供担保和财务资助以外）必须及时进行披露。

① 本次交易所涉资产总量超过公司最新一次审计总资产的 10%；

② 交易总额大于或等于公司最新一次审计总资产总额的 10% 或 1000 万元的；

③ 本次交易涉及与该公司最近一个会计年度有关的净利润达到 10% 或更多，并在该期间内达到 150 万元以上；交易对象在上一会计年度内发生的有关业务收益达到 10% 或更多，并在 1000 万元以下；

④ 本次关联交易所带来的利润，在本公司上一会计年度内，已审计的净利润总额在 10% 或以上，并在 150 万元以下。

（2）关联交易。

按照《上市规则》第 7 章，若有一项涉及下列条件的关联交易（不包括担保），必须立即予以公告。

① 本公司与其关联法人之间的总成交额超过 30 万元的；

② 公司资产总额与公司最近一次经审核的总资产或市场价值总额为 0.2% 或更多的交易，并在 300 万元以下。

4. 应当公开的重要内容

（1）异常变动。

如果公司的股价在交易过程中发生了北交所认定的异常变动情况，公司需要在下一交易日开始之前公布其股价异常变动的相关信息。

（2）流言澄清。

公众媒介的重大报道、市场传闻，可能会对公司的股价和证券的价值造成重大的冲击，公司对此类流言必须予以澄清，并予以必要的解释说明。

（3）股票质押。

任何一家公司的股份被质押、冻结、司法拍卖、托管，或者被法律禁止行使投票权的，都要立即告知公司并进行公告。

（4）发行股票、转板等其他事宜。

上市公司的董事在公司股票发行、转板申请、申请上市或者发行其他证券种类的时候，必须在公司的董事会决议后，将有关信息公开。

（5）重大诉讼或仲裁。

公司对下列重大诉讼和仲裁事项应予以公告。

① 涉及的资产总额在 1000 万元以下，并在公司最新一次审计的总资产中占 10% 的情况；

② 股东大会、董事会决议被请求取消、被宣布为不合法的情况；

③ 其他有可能严重损害公司控制权的诉讼或仲裁，对公司的生产经营和股价造成重大冲击的情况；

④ 北交所认定的其他情况。

（6）利润分配或盈余公积金增加。

公司在董事会审议批准后，必须将利润分配计划的细节公开，并在股票发行日公布实施计划。非流通股股票在转让之前，必须依照上海证券交易所有关的法律法规进行公开。

（7）重大风险。

如果公司存在以下涉及企业经营重大风险的情况，必须在其发生后立即予以公告，警示投资者。

① 停止生产，主要业务陷入停滞；

② 出现严重拖欠的情况；

③ 严重的亏损情况；

④ 公司主要资产被查封、扣押、冻结的情况；

⑤ 公司不能进行正常的董事会或股东大会的情况；

⑥ 公司董事会主席、管理层不能正常工作，控股股东和实际控制人之间不能联络的情况；

⑦ 本公司存在的其他风险，影响到企业继续营运的情况。

5. 其他需要公开的信息

（1）股份变动。

公司董事、监事、高级管理人员持有公司股票的变动情况。按照《上市规则》第 2.4.10 条的要求，公司控股股东、实际控制人、董事、监事、高级管理人员拟以集中竞价方式出售其所持有本公司股份的，应当立即通知公司，并按照下列规定履行信息披露义务。

① 在发行股票后 15 个交易日之前，提前公布其股票出售方案，且每一期的间隔不能超出 6 个月；

② 3 个月之内出售股票总额大于公司股票总额 1% 的，除了履行披露义务之外，还应当在首次卖出的 30 个交易日前预先披露减持计划；

③ 在减持期间，在减持的期限超过一半时，应当说明其减持的进度；

④ 在减持方案完成后，应公布其减持的具体情形。

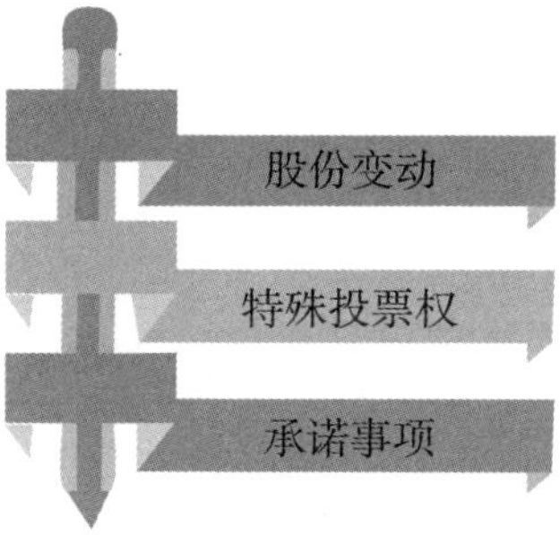

图 8-2　其他需要公开的信息类型

《持续监管办法》第 20 条规定，上市公司股东、实际控制人、董事、监事、高级管理人员在上市公司减持股票的过程中，必须严格遵守中国证券会和证券交易所有关规定，并依法进行相应的披露。持有 5% 以上股份的股东、实际控制人、董事、监事和高级管理人员拟在上海证券交易所进行集中竞价交易的，必须在上市后 15 个交易日内提前公告，并根据上海证券交易所的相关法规，及时公告其减持计划的执行情况；3 个月以上股票累计减持数量少于公司股票总额的 1% 时，也要在上市后 30 个交易日之前提前公告。但持有 5% 以上股东及实际控制人将其在上海证券交易所及证券市场挂牌或做市买卖的股票，不适用前款规定。

（2）特殊投票权。

在《上市规则》第 4 章及《持续监管办法》第 9 条中明确指出，拥有特殊投票权的公司，必须依法履行其继续披露的责任。

持有特别表决权股份的公司，必须在年度报告和中期报告中公布表决权差额分配、特别表决权股份的变化和投资者的保障措施。对于不同类型的公司，其行使的权力变动，应依照其设立时的相关规则进行相关的程序和信息披露，其变动后的安排必须与设立时的相关规定相符。公司须由法律顾问公司提供专业的法律顾问。如果在行使中发生了重大变动，则该公司及其有关信息披露义务人应立即进行公开。

（3）承诺事项。

按照《上市规则》第 4 章第 5 节所述，公司及其股东、实际控制人、关联方、收购人所作出的公开承诺，公司将在指定的信息披露网站中分别对承诺人所作的承诺予以公告。在保证的条件接近或满足的情况下，承诺人应向公司发出公告，并承担相应的责任。如果公司被并购后，原有股东没有完成其所作出的承诺，则有关承诺或将被收购人承担，并在收购有关信息披露文件中予以披露。

三、对股权激励的持续监督

证监会和北交所联合下发了《北京证券交易所上市公司持续监管办法（试行）》《北京证券交易所股票上市规则（试行）》等重要文件，其中《北京证券交易所股票上市规则（试行）》第 8 章第 4 节对北交所的股权激励问题进行了相应的规范，并在此基础上对《上市公司股权激励管理办法》《北京证券交易所上市公司持续监管办法（试行）》以及北交所的有关业务规则进行了完善。通过对以上规定中有关股权激励的规定，与科创板、创业板股权激励的规定进行对比分析，做出以下梳理。

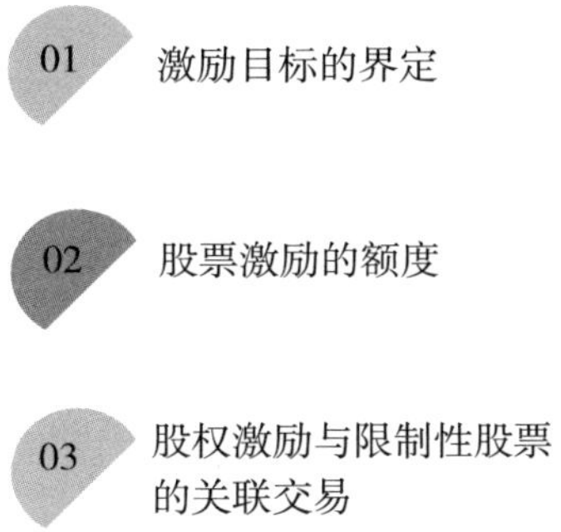

图 8–3 北交所对企业股权激励的持续性监督

1. 激励目标的界定

以下为非限制性股票的激励对象。

（1）在过去 12 个月中未被证券交易所确认为不合适的人员；

（2）证监会或其所属部门在过去 12 个月内未被视为不合适的人员；

（3）在过去 12 个月内，未因严重违反规定而受到证监会和证券交易所监管的人员；

（4）依照相关法律和规章，具有从事股票交易资格的人员。

此外，与《上市公司股权激励管理办法》相比，公司的激励对象更加宽松。《上市公司股权激励管理办法》明确指出：“个人或者共同拥有 5% 以上的股票或者控股股东及其配偶、父母、子女不得作为公司的激励目标。”该规定对于防范公司的利润输送起到了积极作用，但在一定范围内，也会妨碍到公司的股权激励效果，尤其是在部分公司内部存在与高级管理人员、技术人员重叠的情况，这些人员难以获得很好的激励。

2. 股票激励的额度

对比北交所、科创板和创业板的相关规定，以及《上市公司股权激励管理办法》中关于股票激励的规定，可以很明显地看出，北交所在限制性条件下，可以将有效期限内所使用的股份合计不超过公司总股本的 30% 用于股权激励，与科创板、创业板规定的 20% 和《上市公司股权激励管理办法》规定的 10% 上限相比较，这是一个极大的调整。总之，与科创板、创业板以及《上市公司股权激励管理办法》相比较，北交所对上市公司的股票激励额度进行了调整，使其符合专精特新、中小规模、股本规模不大的中小企业的发展趋势，可以更加有效地实现股权激励的效果。

3. 股权激励与限制性股票的关联交易

与股票期权制度配套的限制性股票期权，是保证公司股价稳定、公司持续经营能力和维护其他股东权益的重要手段。比较北交所、科创板、创业板、《上市公司股权激励管理办法》中关于股权激励的限制性股票的规定，可以看到，在首次公开发行之前，北交所要求控股股东、实际控制人及一致行动人在公司股票公开发行和上市之日起 12 个月内不得转让，而科创板、创业板等其他板块则规定了 36 个月的限制，这也是对限制性股票条件的进一步放宽。

总的来说，北交所在股票激励范围、股票定价、激励数量、限售期限等多个层面上，基本遵循了我国上市公司的发展规律。在实施灵活的管理要求的同时，还建立了具有鲜明特征的差别化体制，充分考虑到我国专精特新企业的创新特征和发展规律，更加适合北交所上市企业的实际情况。

四、对重大资产重组的持续监督

企业的重组报告书是上市公司重大资产重组过程中一项重要的信息披露，北交所对企业重大资产重组的持续监督与以往的方案相比，其内容更加全面、细致、准确。财务顾问意见、法律意见、资产评估等都成为公司资产重组中受关注的重要内容。

1. 拟购买的资产经营情况概述

在公司重组报告中，应说明被收购企业的主要业务、主要产品、特定业务、与业务有关的资源因素等。

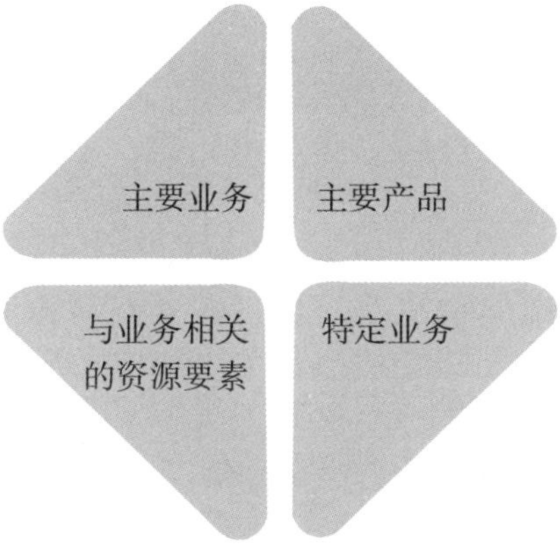

图 8-4　重组报告中需要说明的要素

以恒业集团的资产评估报告为例。恒业集团的主要经营范围包括进出口贸易、仓储服务、房屋租赁、物业服务、餐饮服务、光伏发电等。恒业集团就以上业务逐一进行了详尽的披露，并阐述了各个业务领域所涉及的主要业务和服务及其用途、具体业务方式。

主要经营情况包括报告期内的收入、报告期内的前五大客户、报告期内主要的原材料、报告期内的前五大供应商。另外，还需要详细描述报告期内的主要商品或服务规模、销售收入、主要的消费状况，以及在报告期内的原材料、能源及其供应状况，以及其在本季度中所占的比例，并列出主营业务的费用。

公司经营中的各种资源因素主要包括无形资产、固定资产、经营许可资格或资质、员工、环评验收、消防验收、其他体现所属行业或业态特征的资源要素。无形资产主要为商标、专利、软件著作权、作品著作权、域名。固定资产包括房屋及建筑物、运输工具、机器设备、办公室和电子设备等，并提供有关该资产的基本情况、租赁情况和抵押情况。

2. 上市公司的股票上市交易情况

上市公司股票发行情况包括发行对象、发行价格、发行股份的种类、面值、发行股份数量和发行后总股本的比重，发行前的留存收益分配、特定对象所持股份的转让或交易限制、发行股份前后主要财务数据对照表、报告期内发行股份募集资金情况，发行股票前后挂牌公司的股权结构、控制权变动情况等具体内容。

就发行价格、定价原则和合理性而言，需要对每股净资产、同行业上市公司、二级市场交易价格、公司成长因素等进行详尽的披露，以充分解释股票发行价格主要依据的是公司年度经审计的财务报告中列示的每股净资产、每股收益等数据，说明定价已综合考虑了公司的成长性、行业前景、每股净资产、市净率、每股收益等因素，并由交易对方最后敲定，确保交易定价合理，不会影响上市公司和中小投资者的权益。

3. 交易符合条件的剖析

企业的收购和重组需要严格按照《重组管理办法》的要求，对重组活动进行规范。具体判断需要通过交易价格、股权比例等因素进行分析和证明，比如本次上市交易所涉及的交易总额与该公司上一会计年度的合并财务会计报表期末资产总额所占的比例是否与《重组管理办法》相一致等。

为了证明收购满足《重组管理办法》第3条的要求，通常应将该事项提交给上市公司董事会或者其他机构，并根据相关法律法规出具审计、评估、法律等相关文件。交易标的物的价值由审计报告所确认的资产价值和资产评估机构的评估报告所确认的价值为基础，由交易双方共同商定。此外，公司还需要公开交易对手是否持有标的公司股份，产权是否清晰完整，是否存在质押、冻结等情况。

如果上述公开披露的信息内容都符合要求，则可以认为交易标的物产权明确，没有任何法律上的问题，也没有发生债权债务纠纷。通过公开并购和资产重组，可以有效地实现销售渠道、客户资源、产品结构、业务资产等方面的整合，实现优势相互补充，并充分发挥各自的优势和规模，进而提高公司的资产规模、业务规模、盈利能力和抗风险能力。

五、退市机制

上海证券交易所、深圳证券交易所、北京证券交易所、全国中小企业股份转移公司、中国证券登记结算公司共同制定的《关于退市公司进入退市板块挂牌转让的实施办法》(以下简称《实施办法》)于2021年4月正式颁布。这一《实施办法》是各地证券市场为加强退市程序衔接和优化退市公司的持续监督而制定的具体操作方法。《实施办法》的颁布让上市公司退出市场的进程显著加速，逐步建立了一种“正常退出”的退出机制，是注册制实施的一种必要保证措施。

1. 退市机制综述

“退市”是指在证券市场中，因未能符合证券公司的相关规定，导致公司在证券市场中不能达到相关的融资条件而退出。退市可分强制退市与自愿退市，并有相关的退出流程。“自愿退市”是上市公司在上市期间提出退市的情况。举例来说，如果上市公司在公司董事会决议解散，上市公司因新成立、吸收合并而丧失独立法人资格而被撤销的情况下，上市公司可以提出退市的要求。“强制退市”可以分为四种情况，分别是交易型、财务型、规范型和严重违法型。

例如，北交所规定，如在规定的时间范围之内没有公布年度报告或中期报告，并且在两个多月后仍然没有公开，严重超出时间规定范围的情况，需要执行强制退市措施。或企业出现严重的违规行为，如有虚假记载、误导性陈述或重大疏忽，将受到行政惩罚或刑事处罚的情况，也需要执行强制退市的措施。

2. 新法规解释

《实施办法》共有 6 章 44 条，具体条款对退市公司退市的登记、挂牌、转让等方面进行了详细的规范，加强了证券交易所交易后退市的相关流程，并对退市公司、主办券商、托管券商、交易所等相关机构的职责进行了界定。《实施办法》对退市公司股票退出交易所、进入退市的股票进行上市和上市流通等方面进行了严格的规定。

通常情况下，在公司出现符合退出市场的条件后，交易所会考虑是否对其进行停市。做出决议后，公司将会在退市期间进行退市。目前，北交所、深交所和上交所的退市时间为15个交易日。在退市的过程中，退市公司的职责是公开信息和确认主办机构，退市主办机构是负责退市具体操作的，按照《实施办法》，在退市过程中，需要处理的具体事项如下。

在接到证券交易所暂停挂牌的通知后，应当公布公司股票登记、转让、管理等事项；在被暂停挂牌的情况下，公司必须在5个工作日内通知各证券公司、证券经纪机构等，在停牌之前，将股份质押式回购、约定购回、融资融券、转融通、沪深证券等证券业务进行清算；退市时间结束当天和解禁当天，要求投资人对退市的证券账户进行核实和申报，并说明退市公司的股份在股票市场中进行上市交易的相关事项。

由主办机构牵头推动上市公司的退市工作，并需要将退市企业列入退市“黑名单”中，即解散、清算、通过法院宣告的退市企业，将禁止在退市板块内上市。

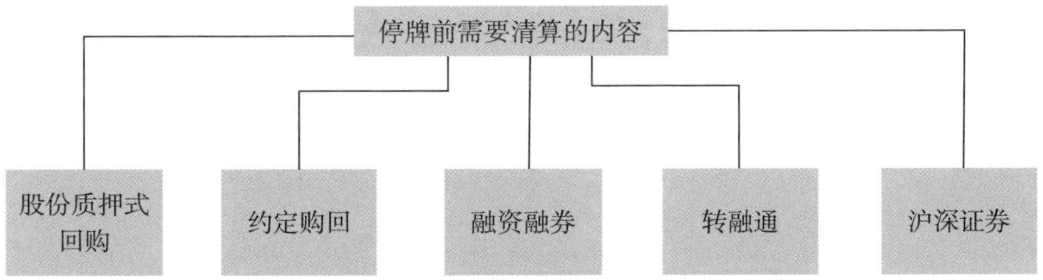

图 8–5　企业停牌前需要清算的内容

总之，证券市场退出机制是我国证券市场的一项重大改革措施。今后，随着政府对退市管制的加强，并出台更多的相关配套措施，退市企业的数目将会继续增加。建立健全的退市机制，有利于促进我国证券市场的健康发展。

六、自律监管措施

为了对北交所进行自律监管和惩戒的执行，切实发挥其自身监督作用，保障其正常经营，保障其合法利益，依据《证券交易所管理办法》和北交所的规定，制定了《北京证券交易所自律监管措施和纪律处分实施细则》（以下简称《实施细则》）。

1. 总的方针：一个都不能少

《实施细则》中涉及的监管目标，大致可以划分为三大类型。

第一种是上市公司及其利益相关人员，主要是指股票和股票衍生物的发行人、上市公司及其董事、监事、高级管理人员、股东、实际控制人、收购人、重大资产重组交易对方、破产管理人等机构及相关人员。

第二种是券商，包括保荐机构、承销商、律师事务所、会计师事务所和其他相关机构。

第三种是北交所成员、其他参与方及相关人员、投资者以及其他根据北交所经营细则设立的其他组织及人员。对于这一点，或许有人质疑中小股东被监管的必要性，但在实际中，有的投资人有通过多个账户“对倒”以操控股市等行为，因此对这部分股东实施监管同样是有必要的。

《实施细则》按照“宽严适度”的原则，对违反规定的人可以从轻、减轻或者免除处罚。比如在违法事实未被查出之前，将改正的情况上报给上海证券交易所或者证监会的情况；或者违法行为没有真正影响到该市场的行为；或者已经采取有效措施来消除、减轻影响或危险的情况；或者由于诸如不可抗拒的原因，致使其未能正常完成工作的情况；或者与北交所进行协调，并积极开展相应工作的情况等，都可以从轻处置。

违反规定数额特别大且占相关数据比重较高的违法行为，可以从重、加重处罚。比如对投资者和上市公司重大损害；有多种违反规则的情况；致使股票价格出现不正常的变动，并有较严重的后果；在受到证监会行政处罚、行政监管措施，受到证券交易所纪律处分、自律监管措施 6 个月后还有类似的违法情况；干扰、阻碍调查或者拒绝与北交所的合作。上述情况都是北交所规定的加重处罚的情况。

2. 自律监管：限制股票的发行

《实施细则》规定了 14 项自律监管手段，这里对要点进行了提炼。一是提出更换有关职务的人，也就是更换董事、监事或高级经理，以及适时聘用合格的董事、监事或高级经理。这是一种较为常见的监管手段。

二是暂时取消对控股股东和实际控制人的解禁，也就是在一段时间之内，不受理有关股东所持有的股份的解禁。

三是对公司的董事会提出索赔请求，也就是如果其他股东损害了公司的利益，并且有关的损害已经由司法、行政机关或者损害制造方进行了明确的认定，但是公司的其他股东不能进行赔偿时，应当由公司的董事会来进行赔偿。

《实施细则》还对自我监督采取了以下几种形式：约见谈话、出具警示函；定期参与由所设单位举办的职业技能训练或考核，以提高其守法意识、职业操守和业务技能；定期举行说明会，对某一具体问题进行公开的解释；对披露错误的问题进行公开更正，或对相关问题和危险状况进行公开澄清和解释；就违反规定的事项，以公告的方式向投资人道歉等。

3. 纪律处罚：涉及企业董监高等高层人员

在北证协的“工具箱”中，有很多涉及纪律处罚的实施问题，仅《实施细则》中列出的处罚措施就有十多种。实际执行环节中的其他处罚措施，可能涵盖的范畴更广。

第一，看看那些对违反法律法规的人来说是“致命”的条款吧，首先就是判定其不适宜从事上市公司的有关岗位，也就是证监会认为其三年及以上不适宜在上市公司任职。

第二，在一段时间之内，北交所将不会接收有关发行人、上市申请人、相关控股股东、实际控制人及其控制的其他发行人提交的上市申请。在这种处罚下，上市公司和公司的实际控制人及其控制的其他公司的发行上市都会变得难以进行。

第三，在一段时间之内，北交所不受理被处罚的承销机构、财务顾问、资信评级机构、受托管理人或者履行同等职责的机构、会计师事务所、资产评估机构、律师事务所等机构或者其相关人员提交或签名的相关业务文件。

第四，根据证券交易所的相关交易规则，对发行人、上市公司及相关市场主体、会员等进行处罚，并由其支付相应的赔偿金。

另外，《实施细则》中对违法行为的成员和交易主体的交易权利进行了限制，包括交易品种、交易方式、交易规模等。取消有关交易单位的交易权利，撤销其参加的资格，以公开的形式谴责监督的目标等，都属于北交所的自律监管实施方式。

4. 北交所对企业的纪律处分

2022 年 7 月，北交所发布四封关于“生物谷”资金占用、重大事项未公开等违法行为的惩戒函，这是北交所第一次对公开发行的上市公司进行惩戒。

北交所对生物谷控股股东——深圳市金沙江投资有限公司以及公司实际控制人、时任董事长兼总经理的林艳和进行了严厉批评；对财务总监兼董事会秘书贺元进行了警告；对保荐机构梁立群和张见进行了警告，并对华融证券进行了自律监管的处分。在此次监管惩戒中，公司存在控股股东占款、违规信息披露、未履行承诺等三项违规行为。

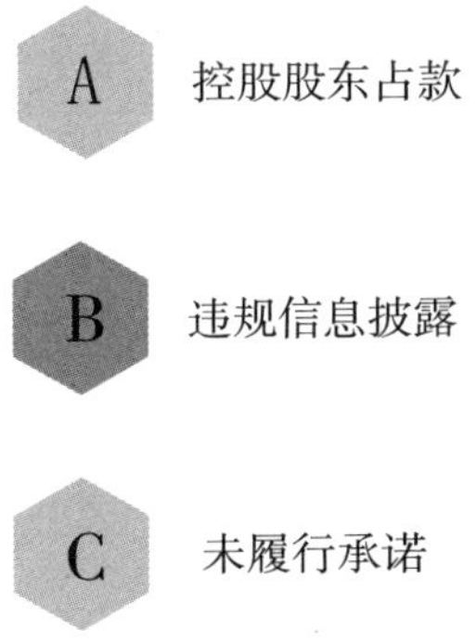

图 8–6　生物谷存在的三项违规问题

一是资本的使用。公司在 2021 年 11 月到 2022 年 1 月期间，为第三方提供银行承兑票据，而其所持的背书款并没有返还给公司，其控制的公司则承认其背书的转让款被转移到了金沙江。金沙江公司利用这种方法侵占公司的资产。

二是不符合规定的信息公开。截至 2020 年 11 月 5 日，该公司在银丰泰投资管理有限公司的资金总额已达 1.1 亿元，但该公司未能按照要求及时履行信息披露义务，并在随后的购买中也没有履行信息披露义务。公司在《2021 年年度报告》和《董事会关于控股股东关联方非经营性资金占用自查报告及整改方案》中，已于 2022 年 4 月 29 日补充了上述内容。

三是没有兑现诺言。鉴于上述融资情况，金沙江集团及其实际控制人林艳和保证：金沙江集团于 2022 年 6 月 30 日前将上述所占资本及所取得的所有收益偿还完毕。公司实际控制人林艳和必须承担相应的连带责任保证。截至 2022 年 6 月 30 日，金沙江公司只偿还了 1000 万元的款项，以上承诺并没有完全兑现。

证监会认为，由于以上违法情况，按照《北京证券交易所自律监管措施和纪律处分实施细则》的有关要求，对公司做出了以下处罚。

对深圳市金沙江投资有限公司、原董事长兼总经理林艳和进行严厉批评，对时任董事会秘书、金融主管贺元进行警告。北交所将处罚措施向中国证券监督管理委员会和云南省人民政府报告，并将其记录在册。

另外，华融证券作为生物谷的发行审查公司，该公司的梁立群、张见二人，也都因为“生物谷”事件被处罚。作为公司的监督顾问，这两个人有下列行为不符合规定。

一是未能切实督促公司履行相关的信息公开义务。保荐机构未能监督公司的信息公开体系建设和有效实施，并且在 2018 年 1 月份的审计中，未发现存在的违法情况（未公开的大额信托资金），没有及时监督公司及时履行信息披露义务。

二是对重要问题没有及时上报给证券交易所并进行风险警示。2022 年 1 月，在审核期间，发行人发现公司从 2021 年 8 月以来曾多次买入理财产品，并就该产品为低风险理财产品提出疑问，要求公司提供金融产品的相关详细资料，公司未及时配合；2022 年 1 ～ 3 月公司仍然有大量的委托资金，保荐机构于 2022 年 3 月 24 日向公司发出监管函，但保荐代表人在发现该存疑事项且公司长时间未配合提供相应资料的情况下，未审慎判断重大风险，未及时披露风险提示公告或向北交所报告。

三是审计结果不真实、不准确。截至2022年1月，该公司2021年年报存在重大资金占用问题并未披露，其保荐机构在《关于云南生物谷药业股份有限公司之公司治理专项核查报告》中未提及上述问题，无法真实地反映该公司信息披露、资金占用等问题，所提供的审计报告和意见不真实、不准确。

为此，证监会对梁立群和张见进行了通报批评，并要求继续监督保荐代表人及其他证券服务企业的从业人员以此为鉴，严格按照法律、法规及《上市规则》的要求，尽职尽责地履行监督义务，对出具的文件和文件内容的真实性、准确性、完整性进行核查和验证，监督发行人制作、出具的文件不得虚假记载、误导性陈述或重大遗漏。

此后，生物谷发布一则声明称，由于存在严重的信息披露问题，其控制人深圳市金沙江投资有限公司及实际控制人林艳和被中国证券监督管理委员会立案。3月29日，中国证监会官网发布了一项决议，要求对负责华融证券的李虎进行监督约谈。该决定书指出，华融证券的投行业务中，存在不完善的经营制度、未完善的收益回扣覆盖面、专业合规人才配置不合理、部分项目的独立性和服务质量不合格等问题。

从此案例中可以看到，北交所对于企业的纪律处分是十分严格的，尤其是对于企业的资金违规占用、信息公开问题以及企业审计结果等。企业如果计划在北交所发行上市，需要对自身经营和管理行为的合法合规性高度关注，确保在北交所上市后的平稳运行，避免受到纪律处分和法律惩罚。